DUITS
WOORDENSCHAT

THEMATISCHE WOORDENLIJST

NEDERLANDS
DUITS

De meest bruikbare woorden
Om uw woordenschat uit te breiden en
uw taalvaardigheid aan te scherpen

5000 woorden

Thematische woordenschat Nederlands-Duits - 5000 woorden
Door Andrey Taranov

Woordenlijsten van T&P Books zijn bedoeld om u woorden van een vreemde taal te helpen leren, onthouden, en bestudering. Dit woordenboek is ingedeeld in thema's en behandelt alle belangrijk terreinen van het dagelijkse leven, bedrijven, wetenschap, cultuur, etc.

Het proces van het leren van woorden met behulp van de op thema's gebaseerde aanpak van T&P Books biedt u de volgende voordelen:

- Correct gegroepeerde informatie is bepalend voor succes bij opeenvolgende stadia van het leren van woorden
- De beschikbaarheid van woorden die van dezelfde stam zijn maakt het mogelijk om woordgroepen te onthouden (in plaats van losse woorden)
- Kleine groepen van woorden faciliteren het proces van het aanmaken van associatieve verbindingen, die nodig zijn bij het consolideren van de woordenschat
- Het niveau van talenkennis kan worden ingeschat door het aantal geleerde woorden

Copyright © 2018 T&P Books Publishing

Alle rechten voorbehouden. Niets uit deze uitgave mag worden verveelvoudigd, opgeslagen in een geautomatiseerd gegevensbestand en/of openbaar gemaakt in enige vorm of op enige wijze, hetzij elektronisch, mechanisch, door fotokopieën, opnamen of op enige andere manier zonder voorafgaande schriftelijke toestemming van de uitgever. U mag dit boek niet verspreiden in welk formaat dan ook.

T&P Books Publishing
www.tpbooks.com

ISBN: 978-1-78492-350-1

Dit boek is ook beschikbaar in e-boek formaat.
Gelieve www.tpbooks.com te bezoeken of de belangrijkste online boekwinkels.

DUITSE WOORDENSCHAT
nieuwe woorden leren

T&P Books woordenlijsten zijn bedoeld om u te helpen vreemde woorden te leren, te onthouden, en te bestuderen. De woordenschat bevat meer dan 5000 veel gebruikte woorden die thematisch geordend zijn.

- De woordenlijst bevat de meest gebruikte woorden
- Aanbevolen als aanvulling bij welke taalcursus dan ook
- Voldoet aan de behoeften van de beginnende en gevorderde student in vreemde talen
- Geschikt voor dagelijks gebruik, bestudering en zelftestactiviteiten
- Maakt het mogelijk om uw woordenschat te evalueren

Bijzondere kenmerken van de woordenschat

- De woorden zijn gerangschikt naar hun betekenis, niet volgens alfabet
- De woorden worden weergegeven in drie kolommen om bestudering en zelftesten te vergemakkelijken
- Woorden in groepen worden verdeeld in kleine blokken om het leerproces te vergemakkelijken
- De woordenschat biedt een handige en eenvoudige beschrijving van elk buitenlands woord

De woordenschat bevat 155 onderwerpen zoals:

Basisconcepten, getallen, kleuren, maanden, seizoenen, meeteenheden, kleding en accessoires, eten & voeding, restaurant, familieleden, verwanten, karakter, gevoelens, emoties, ziekten, stad, dorp, bezienswaardigheden, winkelen, geld, huis, thuis, kantoor, werken op kantoor, import & export, marketing, werk zoeken, sport, onderwijs, computer, internet, gereedschap, natuur, landen, nationaliteiten en meer ...

INHOUDSOPGAVE

Uitspraakgids	9
Afkortingen	11

BASISBEGRIPPEN	13
Basisbegrippen Deel 1	13
1. Voornaamwoorden	13
2. Begroetingen. Begroetingen. Afscheid	13
3. Hoe aan te spreken	14
4. Kardinale getallen. Deel 1	14
5. Kardinale getallen. Deel 2	15
6. Ordinale getallen	16
7. Getallen. Breuken	16
8. Getallen. Eenvoudige berekeningen	16
9. Getallen. Diversen	16
10. De belangrijkste werkwoorden. Deel 1	17
11. De belangrijkste werkwoorden. Deel 2	18
12. De belangrijkste werkwoorden. Deel 3	19
13. De belangrijkste werkwoorden. Deel 4	20
14. Kleuren	21
15. Vragen	21
16. Voorzetsels	22
17. Functiewoorden. Bijwoorden. Deel 1	22
18. Functiewoorden. Bijwoorden. Deel 2	24

Basisbegrippen Deel 2	26
19. Dagen van de week	26
20. Uren. Dag en nacht	26
21. Maanden. Seizoenen	27
22. Meeteenheden	29
23. Containers	30

MENS	31
Mens. Het lichaam	31
24. Hoofd	31
25. Menselijk lichaam	32

Kleding en accessoires	33
26. Bovenkleding. Jassen	33
27. Heren & dames kleding	33

28. Kleding. Ondergoed	34
29. Hoofddeksels	34
30. Schoeisel	34
31. Persoonlijke accessoires	35
32. Kleding. Diversen	35
33. Persoonlijke verzorging. Schoonheidsmiddelen	36
34. Horloges. Klokken	37

Voedsel. Voeding   38

35. Voedsel	38
36. Drankjes	39
37. Groenten	40
38. Vruchten. Noten	41
39. Brood. Snoep	42
40. Bereide gerechten	42
41. Kruiden	43
42. Maaltijden	44
43. Tafelschikking	45
44. Restaurant	45

Familie, verwanten en vrienden   46

45. Persoonlijke informatie. Formulieren	46
46. Familieleden. Verwanten	46

Geneeskunde   48

47. Ziekten	48
48. Symptomen. Behandelingen. Deel 1	49
49. Symptomen. Behandelingen. Deel 2	50
50. Symptomen. Behandelingen. Deel 3	51
51. Artsen	52
52. Geneeskunde. Medicijnen. Accessoires	52

HET MENSELIJKE LEEFGEBIED   54
Stad   54

53. Stad. Het leven in de stad	54
54. Stedelijke instellingen	55
55. Borden	56
56. Stedelijk vervoer	57
57. Bezienswaardigheden	58
58. Winkelen	59
59. Geld	60
60. Post. Postkantoor	61

Woning. Huis. Thuis   62

61. Huis. Elektriciteit	62

62. Villa. Herenhuis	62
63. Appartement	62
64. Meubels. Interieur	63
65. Beddengoed	64
66. Keuken	64
67. Badkamer	65
68. Huishoudelijke apparaten	66

MENSELIJKE ACTIVITEITEN	67
Baan. Business. Deel 1	67
69. Kantoor. Op kantoor werken	67
70. Bedrijfsprocessen. Deel 1	68
71. Bedrijfsprocessen. Deel 2	69
72. Productie. Werken	70
73. Contract. Overeenstemming	71
74. Import & Export	72
75. Financiën	72
76. Marketing	73
77. Reclame	74
78. Bankieren	74
79. Telefoon. Telefoongesprek	75
80. Mobiele telefoon	76
81. Schrijfbehoeften	76
82. Soorten bedrijven	76

Baan. Business. Deel 2	79
83. Show. Tentoonstelling	79
84. Wetenschap. Onderzoek. Wetenschappers	80

Beroepen en ambachten	82
85. Zoeken naar werk. Ontslag	82
86. Zakenmensen	82
87. Dienstverlenende beroepen	83
88. Militaire beroepen en rangen	84
89. Ambtenaren. Priesters	85
90. Agrarische beroepen	85
91. Kunst beroepen	86
92. Verschillende beroepen	86
93. Beroepen. Sociale status	88

Onderwijs	89
94. School	89
95. Hogeschool. Universiteit	90
96. Wetenschappen. Disciplines	91
97. Schrift. Spelling	91
98. Vreemde talen	92

Rusten. Entertainment. Reizen	94
99. Trip. Reizen	94
100. Hotel	94

TECHNISCHE APPARATUUR. VERVOER	96
Technische apparatuur	96
101. Computer	96
102. Internet. E-mail	97
103. Elektriciteit	98
104. Gereedschappen	99

Vervoer	101
105. Vliegtuig	101
106. Trein	102
107. Schip	103
108. Vliegveld	104

Gebeurtenissen in het leven	106
109. Vakanties. Evenement	106
110. Begrafenissen. Begrafenis	107
111. Oorlog. Soldaten	107
112. Oorlog. Militaire acties. Deel 1	108
113. Oorlog. Militaire acties. Deel 2	110
114. Wapens	111
115. Oude mensen	113
116. Middeleeuwen	114
117. Leider. Baas. Autoriteiten	115
118. De wet overtreden. Criminelen. Deel 1	116
119. De wet overtreden. Criminelen. Deel 2	117
120. Politie. Wet. Deel 1	118
121. Politie. Wet. Deel 2	119

NATUUR	121
De Aarde. Deel 1	121
122. De kosmische ruimte	121
123. De Aarde	122
124. Windrichtingen	123
125. Zee. Oceaan	123
126. Namen van zeeën en oceanen	124
127. Bergen	125
128. Bergen namen	126
129. Rivieren	126
130. Namen van rivieren	127
131. Bos	127
132. Natuurlijke hulpbronnen	128

De Aarde. Deel 2	**130**
133. Weer	130
134. Zwaar weer. Natuurrampen	131

Fauna	**132**
135. Zoogdieren. Roofdieren	132
136. Wilde dieren	132
137. Huisdieren	133
138. Vogels	134
139. Vis. Zeedieren	136
140. Amfibieën. Reptielen	136
141. Insecten	137

Flora	**138**
142. Bomen	138
143. Heesters	138
144. Vruchten. Bessen	139
145. Bloemen. Planten	140
146. Granen, graankorrels	141

LANDEN. NATIONALITEITEN	**142**
147. West-Europa	142
148. Centraal- en Oost-Europa	142
149. Voormalige USSR landen	143
150. Azië	143
151. Noord-Amerika	144
152. Midden- en Zuid-Amerika	144
153. Afrika	145
154. Australië. Oceanië	145
155. Steden	145

UITSPRAAKGIDS

T&P fonetisch alfabet	Duits voorbeeld	Nederlands voorbeeld

Klinkers

[a]	Blatt	acht
[ɐ]	Meister	hart
[e]	Melodie	delen, spreken
[ɛ]	Herbst	elf, zwembad
[ə]	Leuchte	formule, wachten
[ɔ]	Knopf	aankomst, bot
[o]	Operette	overeenkomst
[œ]	Förster	Duits - 'Hölle'
[ø]	nötig	neus, beu
[æ]	Los Angeles	Nederlands Nedersaksisch - dät, Engels - cat
[i]	Spiel	bidden, tint
[ɪ]	Absicht	iemand, die
[ʊ]	Skulptur	hoed, doe
[u]	Student	hoed, doe
[y]	Pyramide	fuut, uur
[ʏ]	Eukalyptus	fuut, uur

Medeklinkers

[b]	Bibel	hebben
[d]	Dorf	Dank u, honderd
[f]	Elefant	feestdag, informeren
[ʒ]	Ingenieur	journalist, rouge
[dʒ]	Jeans	jeans, jungle
[j]	Interview	New York, januari
[g]	August	goal, tango
[h]	Haare	het, herhalen
[ç]	glücklich	wiegje
[x]	Kochtopf	licht, school
[k]	Kaiser	kennen, kleur
[l]	Verlag	delen, luchter
[m]	Messer	morgen, etmaal
[n]	Norden	nemen, zonder
[ŋ]	Onkel	optelling, jongeman

T&P fonetisch alfabet	Duits voorbeeld	Nederlands voorbeeld
[p]	Gespräch	parallel, koper
[r]	Force majeure	roepen, breken
[ʁ]	Kirche	gutturale R
[R]	fragen	rara
[s]	Fenster	spreken, kosten
[t]	Foto	tomaat, taart
[ts]	Gesetz	niets, plaats
[ʃ]	Anschlag	shampoo, machine
[tʃ]	Deutsche	Tsjechië, cello
[w]	Sweater	twee, willen
[v]	Antwort	beloven, schrijven
[z]	langsam	zeven, zesde

Tweeklanken

[aɪ]	Speicher	byte, majoor
[ɪa]	Miniatur	signaal, Spanjaard
[ɪo]	Radio	New York, jongen
[jo]	Illustration	New York, jongen
[ɔɪ]	feucht	Hanoi, cowboy
[ɪe]	Karriere	project, yen

Aanvullende symbolen

[']	['aːbe]	hoofdklemtoon
[ˌ]	[ˈdɛŋkˌmaːl]	bijklemtoon
[ʔ]	[oˈliːvənˌʔøːl]	glottisslag
[ː]	[ˈmyːle]	lange klinker
[·]	[ˈRaɪzə·byˌRoː]	hoge punt

AFKORTINGEN
gebruikt in de woordenschat

Nederlandse afkortingen

abn	-	als bijvoeglijk naamwoord
bijv.	-	bijvoorbeeld
bn	-	bijvoeglijk naamwoord
bw	-	bijwoord
enk.	-	enkelvoud
enz.	-	enzovoort
form.	-	formele taal
inform.	-	informele taal
mann.	-	mannelijk
mil.	-	militair
mv.	-	meervoud
on.ww.	-	onovergankelijk werkwoord
ontelb.	-	ontelbaar
ov.	-	over
ov.ww.	-	overgankelijk werkwoord
telb.	-	telbaar
vn	-	voornaamwoord
vrouw.	-	vrouwelijk
vw	-	voegwoord
vz	-	voorzetsel
wisk.	-	wiskunde
ww	-	werkwoord

Nederlandse artikelen

de	-	gemeenschappelijk geslacht
de/het	-	gemeenschappelijk geslacht, onzijdig
het	-	onzijdig

Duitse afkortingen

f	-	vrouwelijk zelfstandig naamwoord
f pl	-	vrouwelijk meervoud
f, n	-	vrouwelijk, onzijdig
m	-	mannelijk zelfstandig naamwoord
m pl	-	mannelijk meervoud

m, f	-	mannelijk, vrouwelijk
m, n	-	mannelijk, onzijdig
n	-	onzijdig
n pl	-	onzijdig meervoud
pl	-	meervoud
v mod	-	modaal werkwoord
vi	-	onovergankelijk werkwoord
vi, vt	-	onovergankelijk, overgankelijk werkwoord
vt	-	overgankelijk werkwoord

BASISBEGRIPPEN

Basisbegrippen Deel 1

1. Voornaamwoorden

ik	ich	[ɪç]
jij, je	du	[du:]
hij	er	[e:ɐ]
zij, ze	sie	[zi:]
het	es	[ɛs]
wij, we	wir	[vi:ɐ]
jullie	ihr	[i:ɐ]
U (form., enk.)	Sie	[zi:]
U (form., mv.)	Sie	[zi:]
zij, ze	sie	[zi:]

2. Begroetingen. Begroetingen. Afscheid

Hallo! Dag!	Hallo!	[ha'lo:]
Hallo!	Hallo!	[ha'lo:]
Goedemorgen!	Guten Morgen!	['gu:tən 'mɔʁgən]
Goedemiddag!	Guten Tag!	['gu:tən 'ta:k]
Goedenavond!	Guten Abend!	['gu:tən 'a:bənt]
gedag zeggen (groeten)	grüßen (vi, vt)	['gʀy:sən]
Hoi!	Hallo!	[ha'lo:]
groeten (het)	Gruß (m)	[gʀu:s]
verwelkomen (ww)	begrüßen (vt)	[bə'gʀy:sən]
Hoe gaat het?	Wie geht's?	[ˌvi: 'ge:ts]
Is er nog nieuws?	Was gibt es Neues?	[vas gi:pt ɛs 'nɔɪəs]
Dag! Tot ziens!	Auf Wiedersehen!	[aʊf 'vi:dəˌze:ən]
Tot snel! Tot ziens!	Bis bald!	[bɪs balt]
Vaarwel! (inform.)	Lebe wohl!	['le:bə vo:l]
Vaarwel! (form.)	Leben Sie wohl!	['le:bən zi: vo:l]
afscheid nemen (ww)	sich verabschieden	[zɪç fɛɐ'apʃi:dən]
Tot kijk!	Tschüs!	[tʃy:s]
Dank u!	Danke!	['daŋkə]
Dank u wel!	Dankeschön!	['daŋkəʃø:n]
Graag gedaan	Bitte!	['bɪtə]
Geen dank!	Keine Ursache!	['kaɪnə 'u:ɐˌzaxə]
Geen moeite.	Nichts zu danken!	[nɪçts tsu 'daŋkən]
Excuseer me, ... (inform.)	Entschuldige!	[ɛnt'ʃʊldɪgə]

| Excuseer me, ... (form.) | Entschuldigung! | [ɛnt'ʃʊldɪgʊŋ] |
| excuseren (verontschuldigen) | entschuldigen (vt) | [ɛnt'ʃʊldɪgən] |

zich verontschuldigen	sich entschuldigen	[zɪç ɛnt'ʃʊldɪgən]
Mijn excuses.	Verzeihung!	[fɛɐ'tsaɪʊŋ]
Het spijt me!	Entschuldigung!	[ɛnt'ʃʊldɪgʊŋ]
vergeven (ww)	verzeihen (vt)	[fɛɐ'tsaɪən]
Maakt niet uit!	Das macht nichts!	[das maχt nɪçts]
alsjeblieft	bitte	['bɪtə]

Vergeet het niet!	Nicht vergessen!	[nɪçt fɛɐ'gɛsən]
Natuurlijk!	Natürlich!	[na'ty:ɐlɪç]
Natuurlijk niet!	Natürlich nicht!	[na'ty:ɐlɪç 'nɪçt]
Akkoord!	Gut! Okay!	[gu:t], [o'ke:]
Zo is het genoeg!	Es ist genug!	[ɛs ist gə'nu:k]

3. Hoe aan te spreken

meneer	Herr	[hɛʁ]
mevrouw	Frau	[fʁaʊ]
juffrouw	Frau	[fʁaʊ]
jongeman	Junger Mann	['jʏŋɐ man]
jongen	Junge	['jʊŋə]
meisje	Mädchen	['mɛ:tçən]

4. Kardinale getallen. Deel 1

nul	null	[nʊl]
een	eins	[aɪns]
twee	zwei	[tsvaɪ]
drie	drei	[dʁaɪ]
vier	vier	[fi:ɐ]

vijf	fünf	[fʏnf]
zes	sechs	[zɛks]
zeven	sieben	['zi:bən]
acht	acht	[aχt]
negen	neun	[nɔɪn]

tien	zehn	[tse:n]
elf	elf	[ɛlf]
twaalf	zwölf	[tsvœlf]
dertien	dreizehn	['dʁaɪtse:n]
veertien	vierzehn	['fɪʁtse:n]

vijftien	fünfzehn	['fʏnftse:n]
zestien	sechzehn	['zɛçtse:n]
zeventien	siebzehn	['zi:ptse:n]
achttien	achtzehn	['aχtse:n]
negentien	neunzehn	['nɔɪntse:n]
twintig	zwanzig	['tsvantsɪç]
eenentwintig	einundzwanzig	['aɪn·ʊnt·'tsvantsɪç]

tweeëntwintig	zweiundzwanzig	['tsvaɪ·ʊnt·'tsvantsɪç]
drieëntwintig	dreiundzwanzig	['dʀaɪ·ʊnt·'tsvantsɪç]
dertig	dreißig	['dʀaɪsɪç]
eenendertig	einunddreißig	['aɪn·ʊnt·'dʀaɪsɪç]
tweeëndertig	zweiunddreißig	['tsvaɪ·ʊnt·'dʀaɪsɪç]
drieëndertig	dreiunddreißig	['dʀaɪ·ʊnt·'dʀaɪsɪç]
veertig	vierzig	['fɪʁtsɪç]
eenenveertig	einundvierzig	['aɪn·ʊnt·'fɪʁtsɪç]
tweeënveertig	zweiundvierzig	['tsvaɪ·ʊnt·'fɪʁtsɪç]
drieënveertig	dreiundvierzig	['dʀaɪ·ʊnt·'fɪʁtsɪç]
vijftig	fünfzig	['fʏnftsɪç]
eenenvijftig	einundfünfzig	['aɪn·ʊnt·'fʏnftsɪç]
tweeënvijftig	zweiundfünfzig	['tsvaɪ·ʊnt·'fʏnftsɪç]
drieënvijftig	dreiundfünfzig	['dʀaɪ·ʊnt·'fʏnftsɪç]
zestig	sechzig	['zɛçtsɪç]
eenenzestig	einundsechzig	['aɪn·ʊnt·'zɛçtsɪç]
tweeënzestig	zweiundsechzig	['tsvaɪ·ʊnt·'zɛçtsɪç]
drieënzestig	dreiundsechzig	['dʀaɪ·ʊnt·'zɛçtsɪç]
zeventig	siebzig	['ziːptsɪç]
eenenzeventig	einundsiebzig	['aɪn·ʊnt·'ziːptsɪç]
tweeënzeventig	zweiundsiebzig	['tsvaɪ·ʊnt·'ziːptsɪç]
drieënzeventig	dreiundsiebzig	['dʀaɪ·ʊnt·'ziːptsɪç]
tachtig	achtzig	['aχtsɪç]
eenentachtig	einundachtzig	['aɪn·ʊnt·'aχtsɪç]
tweeëntachtig	zweiundachtzig	['tsvaɪ·ʊnt·'aχtsɪç]
drieëntachtig	dreiundachtzig	['dʀaɪ·ʊnt·'aχtsɪç]
negentig	neunzig	['nɔɪntsɪç]
eenennegentig	einundneunzig	['aɪn·ʊnt·'nɔɪntsɪç]
tweeënnegentig	zweiundneunzig	['tsvaɪ·ʊnt·'nɔɪntsɪç]
drieënnegentig	dreiundneunzig	['dʀaɪ·ʊnt·'nɔɪntsɪç]

5. Kardinale getallen. Deel 2

honderd	einhundert	['aɪnˌhʊndɐt]
tweehonderd	zweihundert	['tsvaɪˌhʊndɐt]
driehonderd	dreihundert	['dʀaɪˌhʊndɐt]
vierhonderd	vierhundert	['fiːɐˌhʊndɐt]
vijfhonderd	fünfhundert	['fʏnfˌhʊndɐt]
zeshonderd	sechshundert	[zɛksˌhʊndɐt]
zevenhonderd	siebenhundert	['ziːbənˌhʊndɐt]
achthonderd	achthundert	['aχtˌhʊndɐt]
negenhonderd	neunhundert	['nɔɪnˌhʊndɐt]
duizend	eintausend	['aɪnˌtaʊzənt]
tweeduizend	zweitausend	['tsvaɪˌtaʊzənt]
drieduizend	dreitausend	['dʀaɪˌtaʊzənt]

tienduizend	zehntausend	['tsen‚tauzənt]
honderdduizend	hunderttausend	['hʊndet‚tauzənt]
miljoen (het)	Million (f)	[mɪ'ljoːn]
miljard (het)	Milliarde (f)	[mɪ'lıaʁdə]

6. Ordinale getallen

eerste (bn)	der erste	[deːɐ 'ɛʁstə]
tweede (bn)	der zweite	[deːɐ 'tsvaɪtə]
derde (bn)	der dritte	[deːɐ 'dʀɪtə]
vierde (bn)	der vierte	[deːɐ 'fiːətə]
vijfde (bn)	der fünfte	[deːɐ 'fʏnftə]

zesde (bn)	der sechste	[deːɐ 'zɛkstə]
zevende (bn)	der siebte	[deːɐ 'ziːptə]
achtste (bn)	der achte	[deːɐ 'aχtə]
negende (bn)	der neunte	[deːɐ 'nɔɪntə]
tiende (bn)	der zehnte	[deːɐ tseːntə]

7. Getallen. Breuken

breukgetal (het)	Bruch (m)	[bʀʊχ]
half	Hälfte (f)	['hɛlftə]
een derde	Drittel (n)	['dʀɪtəl]
kwart	Viertel (n)	['fɪʁtəl]

een achtste	Achtel (m, n)	['aχtəl]
een tiende	Zehntel (m, n)	['tseːntəl]
twee derde	zwei Drittel	[tsvaɪ 'dʀɪtəl]
driekwart	drei Viertel	[dʀaɪ 'fɪʁtəl]

8. Getallen. Eenvoudige berekeningen

aftrekking (de)	Subtraktion (f)	[zʊptʀak'tsjoːn]
aftrekken (ww)	subtrahieren (vt)	[zʊptʀa'hiːʀən]
deling (de)	Division (f)	[divi'zjoːn]
delen (ww)	dividieren (vt)	[divi'diːʀən]
optelling (de)	Addition (f)	[adi'tsjoːn]
erbij optellen	addieren (vt)	[a'diːʀən]
(bij elkaar voegen)		
optellen (ww)	hinzufügen (vt)	[hɪn'tsuː‚fyːgən]
vermenigvuldiging (de)	Multiplikation (f)	[mʊltiplika'tsjoːn]
vermenigvuldigen (ww)	multiplizieren (vt)	[mʊltipli'tsiːʀən]

9. Getallen. Diversen

| cijfer (het) | Ziffer (f) | ['tsɪfɐ] |
| nummer (het) | Zahl (f) | [tsaːl] |

telwoord (het)	Zahlwort (n)	['tsaːlˌvɔʁt]
minteken (het)	Minus (n)	['miːnʊs]
plusteken (het)	Plus (n)	[plʊs]
formule (de)	Formel (f)	['fɔʁməl]
berekening (de)	Berechnung (f)	[bə'ʀɛçnʊŋ]
tellen (ww)	zählen (vt)	['tsɛːlən]
bijrekenen (ww)	berechnen (vt)	[bə'ʀɛçnən]
vergelijken (ww)	vergleichen (vt)	[fɛɐ'glaɪçən]
Hoeveel? (ontelb.)	Wie viel?	['viː fiːl]
Hoeveel? (telb.)	Wie viele?	[viː 'fiːlə]
som (de), totaal (het)	Summe (f)	['zʊmə]
uitkomst (de)	Ergebnis (n)	[ɛɐ'geːpnɪs]
rest (de)	Rest (m)	[ʀɛst]
enkele (bijv. ~ minuten)	einige	['aɪnɪgə]
weinig (bw)	wenig ...	['veːnɪç]
restant (het)	Übrige (n)	['yːbʀɪgə]
anderhalf	anderthalb	['andɐt'halp]
dozijn (het)	Dutzend (n)	['dʊtsənt]
middendoor (bw)	entzwei	[ɛn'tsvaɪ]
even (bw)	zu gleichen Teilen	[tsu 'glaɪçən 'taɪlən]
helft (de)	Hälfte (f)	['hɛlftə]
keer (de)	Mal (n)	[maːl]

10. De belangrijkste werkwoorden. Deel 1

aanbevelen (ww)	empfehlen (vt)	[ɛm'pfeːlən]
aandringen (ww)	bestehen auf	[bə'ʃteːən aʊf]
aankomen (per auto, enz.)	ankommen (vi)	['anˌkɔmən]
aanraken (ww)	berühren (vt)	[bə'ʀyːʀən]
adviseren (ww)	raten (vt)	['ʀaːtən]
afdalen (on.ww.)	herabsteigen (vi)	[hɛ'ʀapˌʃtaɪgən]
afslaan (naar rechts ~)	abbiegen (vi)	['apˌbiːgən]
antwoorden (ww)	antworten (vi)	['antˌvɔʁtən]
bang zijn (ww)	Angst haben	['aŋst 'haːbən]
bedreigen (bijv. met een pistool)	drohen (vi)	['dʀoːən]
bedriegen (ww)	täuschen (vt)	['tɔɪʃən]
beëindigen (ww)	beenden (vt)	[bə'ʔɛndən]
beginnen (ww)	beginnen (vt)	[bə'gɪnən]
begrijpen (ww)	verstehen (vt)	[fɛɐ'ʃteːən]
beheren (managen)	leiten (vt)	['laɪtən]
beledigen (met scheldwoorden)	kränken (vt)	['kʀɛŋkən]
beloven (ww)	versprechen (vt)	[fɛɐ'ʃpʀɛçən]
bereiden (koken)	zubereiten (vt)	['tsuːbəˌʀaɪtən]
bespreken (spreken over)	besprechen (vt)	[bə'ʃpʀɛçən]

bestellen (eten ~)	bestellen (vt)	[bə'ʃtɛlən]
bestraffen (een stout kind ~)	bestrafen (vt)	[bə'ʃtʀaːfən]
betalen (ww)	zahlen (vt)	['tsaːlən]
betekenen (beduiden)	bedeuten (vt)	[bə'dɔɪtən]
betreuren (ww)	bedauern (vt)	[bə'dauən]
bevallen (prettig vinden)	gefallen (vi)	[gə'falən]
bevelen (mil.)	befehlen (vt)	[ˌbə'feːlən]
bevrijden (stad, enz.)	befreien (vt)	[bə'fʀaɪən]
bewaren (ww)	aufbewahren (vt)	['aufbəˌvaːʀən]
bezitten (ww)	besitzen (vt)	[bə'zɪtsən]
bidden (praten met God)	beten (vi)	['beːtən]
binnengaan (een kamer ~)	hereinkommen (vi)	[hɛ'ʀaɪnˌkɔmən]
breken (ww)	brechen (vt)	['bʀɛçən]
controleren (ww)	kontrollieren (vt)	[kɔntʀoˈliːʀən]
creëren (ww)	schaffen (vt)	['ʃafən]
deelnemen (ww)	teilnehmen (vi)	['taɪlˌneːmən]
denken (ww)	denken (vi, vt)	['dɛŋkən]
doden (ww)	ermorden (vt)	[ɛɐ'mɔʁdən]
doen (ww)	machen (vt)	['maxən]
dorst hebben (ww)	Durst haben	['dʊʁst 'haːbən]

11. De belangrijkste werkwoorden. Deel 2

een hint geven	andeuten (vt)	['anˌdɔɪtən]
eisen (met klem vragen)	verlangen (vt)	[fɛɐ'laŋən]
existeren (bestaan)	existieren (vi)	[ˌɛksɪs'tiːʀən]
gaan (te voet)	gehen (vi)	['geːən]
gaan zitten (ww)	sich setzen	[zɪç 'zɛtsən]
gaan zwemmen	schwimmen gehen	['ʃvɪmən 'geːən]
geven (ww)	geben (vt)	['geːbən]
glimlachen (ww)	lächeln (vi)	['lɛçəln]
goed raden (ww)	richtig raten (vt)	['ʀɪçtɪç 'ʀaːtən]
grappen maken (ww)	Witz machen	[vɪts 'maxən]
graven (ww)	graben (vt)	['gʀaːbən]
hebben (ww)	haben (vt)	[haːbən]
helpen (ww)	helfen (vi)	['hɛlfən]
herhalen (opnieuw zeggen)	noch einmal sagen	[nɔx 'aɪnmaːl 'zaːgən]
honger hebben (ww)	hungrig sein	['hʊŋʀɪç zaɪn]
hopen (ww)	hoffen (vi)	['hɔfən]
horen (waarnemen met het oor)	hören (vt)	['høːʀən]
huilen (wenen)	weinen (vi)	['vaɪnən]
huren (huis, kamer)	mieten (vt)	['miːtən]
informeren (informatie geven)	informieren (vt)	[ɪnfɔʁ'miːʀən]
instemmen (akkoord gaan)	zustimmen (vi)	['tsuːˌʃtɪmən]
jagen (ww)	jagen (vi)	['jaːgən]

kennen (kennis hebben van iemand)	kennen (vt)	['kɛnən]
kiezen (ww)	wählen (vt)	['vɛːlən]
klagen (ww)	klagen (vi)	['klaːgən]
kosten (ww)	kosten (vt)	['kɔstən]
kunnen (ww)	können (v mod)	['kœnən]
lachen (ww)	lachen (vi)	['laχən]
laten vallen (ww)	fallen lassen	['falən 'lasən]
lezen (ww)	lesen (vi, vt)	['leːzən]
liefhebben (ww)	lieben (vt)	['liːbən]
lunchen (ww)	zu Mittag essen	[tsu 'mɪtaːk 'ɛsən]
nemen (ww)	nehmen (vt)	['neːmən]
nodig zijn (ww)	nötig sein	['nøːtɪç zaɪn]

12. De belangrijkste werkwoorden. Deel 3

onderschatten (ww)	unterschätzen (vt)	[ˌʊntɐ'ʃɛtsən]
ondertekenen (ww)	unterschreiben (vt)	[ˌʊntɐ'ʃʀaɪbən]
ontbijten (ww)	frühstücken (vi)	['fʀyːˌʃtʏkən]
openen (ww)	öffnen (vt)	['œfnən]
ophouden (ww)	einstellen (vt)	['aɪnˌʃtɛlən]
opmerken (zien)	bemerken (vt)	[bə'mɛʀkən]
opscheppen (ww)	prahlen (vi)	['pʀaːlən]
opschrijven (ww)	aufschreiben (vt)	['aʊfˌʀaɪbən]
plannen (ww)	planen (vt)	['plaːnən]
prefereren (verkiezen)	vorziehen (vt)	['foɐˌtsiːən]
proberen (trachten)	versuchen (vt)	[fɛɐ'zuːχən]
redden (ww)	retten (vt)	['ʀɛtən]
rekenen op ...	auf ... zählen	[aʊf ... 'tsɛːlən]
rennen (ww)	laufen (vi)	['laʊfən]
reserveren (een hotelkamer ~)	reservieren (vt)	[ʀezɛʁ'viːʀən]
roepen (om hulp)	rufen (vi)	['ʀuːfən]
schieten (ww)	schießen (vi)	['ʃiːsən]
schreeuwen (ww)	schreien (vi)	['ʃʀaɪən]
schrijven (ww)	schreiben (vi, vt)	['ʃʀaɪbən]
souperen (ww)	zu Abend essen	[tsu 'aːbənt 'ɛsən]
spelen (kinderen)	spielen (vi, vt)	['ʃpiːlən]
spreken (ww)	sprechen (vi)	['ʃpʀɛçən]
stelen (ww)	stehlen (vt)	['ʃteːlən]
stoppen (pauzeren)	stoppen (vt)	['ʃtɔpən]
studeren (Nederlands ~)	lernen (vt)	['lɛʀnən]
sturen (zenden)	abschicken (vt)	['apˌʃɪkən]
tellen (optellen)	rechnen (vt)	['ʀɛçnən]
toebehoren aan ...	gehören (vi)	[gə'høːʀən]
toestaan (ww)	erlauben (vt)	[ɛɐ'laʊbən]
tonen (ww)	zeigen (vt)	['tsaɪgən]
twijfelen (onzeker zijn)	zweifeln (vi)	['tsvaɪfəln]

uitgaan (ww)	ausgehen (vi)	['aʊsˌgeːən]
uitnodigen (ww)	einladen (vt)	['aɪnˌlaːdən]
uitspreken (ww)	aussprechen (vt)	['aʊsˌʃpʀɛçən]
uitvaren tegen (ww)	schelten (vt)	['ʃɛltən]

13. De belangrijkste werkwoorden. Deel 4

vallen (ww)	fallen (vi)	['falən]
vangen (ww)	fangen (vt)	['faŋən]
veranderen (anders maken)	ändern (vt)	['ɛndɐn]
verbaasd zijn (ww)	staunen (vi)	['ʃtaunən]
verbergen (ww)	verstecken (vt)	[fɛɐ'ʃtɛkən]

verdedigen (je land ~)	verteidigen (vt)	[fɛɐ'taɪdɪgən]
verenigen (ww)	vereinigen (vt)	[fɛɐ'ʔaɪnɪgən]
vergelijken (ww)	vergleichen (vt)	[fɛɐ'glaɪçən]
vergeten (ww)	vergessen (vt)	[fɛɐ'gɛsən]
vergeven (ww)	verzeihen (vt)	[fɛɐ'tsaɪən]

verklaren (uitleggen)	erklären (vt)	[ɛɐ'klɛːʀən]
verkopen (per stuk ~)	verkaufen (vt)	[fɛɐ'kaufən]
vermelden (praten over)	erwähnen (vt)	[ɛɐ'vɛːnən]
versieren (decoreren)	schmücken (vt)	['ʃmʏkən]
vertalen (ww)	übersetzen (vt)	[ˌyːbe'zɛtsən]

vertrouwen (ww)	vertrauen (vi)	[fɛɐ'tʀaʊən]
vervolgen (ww)	fortsetzen (vt)	['foʁtˌzɛtsən]
verwarren (met elkaar ~)	verwechseln (vt)	[fɛɐ'vɛksəln]
verzoeken (ww)	bitten (vt)	['bɪtən]
verzuimen (school, enz.)	versäumen (vt)	[fɛɐ'zɔɪmən]

vinden (ww)	finden (vt)	['fɪndən]
vliegen (ww)	fliegen (vi)	['fliːgən]
volgen (ww)	folgen (vi)	['fɔlgən]
voorstellen (ww)	vorschlagen (vt)	['foːɐˌʃlaːgən]
voorzien (verwachten)	voraussehen (vt)	[foˈʀaʊsˌzeːən]
vragen (ww)	fragen (vt)	['fʀaːgən]

waarnemen (ww)	beobachten (vt)	[bə'ʔoːbaxtən]
waarschuwen (ww)	warnen (vt)	['vaʁnən]
wachten (ww)	warten (vi)	['vaʁtən]
weerspreken (ww)	einwenden (vt)	['aɪnˌvɛndən]
weigeren (ww)	sich weigern	[zɪç 'vaɪgɐn]

werken (ww)	arbeiten (vi)	['aʁbaɪtən]
weten (ww)	wissen (vt)	['vɪsən]
willen (verlangen)	wollen (vt)	['vɔlən]
zeggen (ww)	sagen (vt)	['zaːgən]
zich haasten (ww)	sich beeilen	[zɪç bə'ʔaɪlən]

zich interesseren voor ...	sich interessieren	[zɪç ɪntɐʀɛ'siːʀən]
zich vergissen (ww)	sich irren	[zɪç 'ɪʀən]
zich verontschuldigen	sich entschuldigen	[zɪç ɛnt'ʃʊldɪgən]
zien (ww)	sehen (vi, vt)	['zeːən]

zijn (ww)	sein (vi)	[zaɪn]
zoeken (ww)	suchen (vt)	['zu:χən]
zwemmen (ww)	schwimmen (vi)	['ʃvɪmən]
zwijgen (ww)	schweigen (vi)	['ʃvaɪgən]

14. Kleuren

kleur (de)	Farbe (f)	['faʁbə]
tint (de)	Schattierung (f)	[ʃa'ti:ʀʊŋ]
kleurnuance (de)	Farbton (m)	['faʁpˌtoːn]
regenboog (de)	Regenbogen (m)	['ʀeːgənˌboːgən]
wit (bn)	weiß	[vaɪs]
zwart (bn)	schwarz	[ʃvaʁts]
grijs (bn)	grau	[gʀaʊ]
groen (bn)	grün	[gʀyːn]
geel (bn)	gelb	[gɛlp]
rood (bn)	rot	[ʀoːt]
blauw (bn)	blau	[blaʊ]
lichtblauw (bn)	hellblau	['hɛlˌblaʊ]
roze (bn)	rosa	['ʀoːza]
oranje (bn)	orange	[oˈʀaŋʃ]
violet (bn)	violett	[vɪoˈlɛt]
bruin (bn)	braun	[bʀaʊn]
goud (bn)	golden	['gɔldən]
zilverkleurig (bn)	silbrig	['zɪlbʀɪç]
beige (bn)	beige	[beːʃ]
roomkleurig (bn)	cremefarben	['kʀɛːmˌfaʁbən]
turkoois (bn)	türkis	[tʏʁˈkiːs]
kersrood (bn)	kirschrot	['kɪʁʃʀoːt]
lila (bn)	lila	['liːla]
karmijnrood (bn)	himbeerrot	['hɪmbeːɐˌʀoːt]
licht (bn)	hell	[hɛl]
donker (bn)	dunkel	['dʊŋkəl]
fel (bn)	grell	[gʀɛl]
kleur-, kleurig (bn)	Farb-	['faʁp]
kleuren- (abn)	Farb-	['faʁp]
zwart-wit (bn)	schwarz-weiß	['ʃvaʁtsˌvaɪs]
eenkleurig (bn)	einfarbig	['aɪnˌfaʁbɪç]
veelkleurig (bn)	bunt	[bʊnt]

15. Vragen

Wie?	Wer?	[veːɐ]
Wat?	Was?	[vas]
Waar?	Wo?	[voː]

Waarheen?	Wohin?	[voˈhɪn]
Waarvandaan?	Woher?	[voˈheːɐ]
Wanneer?	Wann?	[van]
Waarom?	Wozu?	[voˈtsuː]
Waarom?	Warum?	[vaˈʀʊm]

Waarvoor dan ook?	Wofür?	[voˈfyːɐ]
Hoe?	Wie?	[viː]
Wat voor ...?	Welcher?	[ˈvɛlçɐ]
Welk?	Welcher?	[ˈvɛlçɐ]

Aan wie?	Wem?	[veːm]
Over wie?	Über wen?	[ˈyːbɐ veːn]
Waarover?	Wovon?	[voːˈfɔn]
Met wie?	Mit wem?	[mɪt veːm]

Hoeveel? (telb.)	Wie viele?	[viː ˈfiːlə]
Hoeveel? (ontelb.)	Wie viel?	[ˈviː fiːl]
Van wie? (mann.)	Wessen?	[ˈvɛsən]

16. Voorzetsels

met (bijv. ~ beleg)	mit	[mɪt]
zonder (~ accent)	ohne	[ˈoːnə]
naar (in de richting van)	nach	[naːx]
over (praten ~)	über	[ˈyːbɐ]
voor (in tijd)	vor	[foːɐ]
voor (aan de voorkant)	vor	[foːɐ]

onder (lager dan)	unter	[ˈʊntɐ]
boven (hoger dan)	über	[ˈyːbɐ]
op (bovenop)	auf	[aʊf]
van (uit, afkomstig van)	aus	[ˈaʊs]
van (gemaakt van)	aus, von	[ˈaʊs], [fɔn]

| over (bijv. ~ een uur) | in | [ɪn] |
| over (over de bovenkant) | über | [ˈyːbɐ] |

17. Functiewoorden. Bijwoorden. Deel 1

Waar?	Wo?	[voː]
hier (bw)	hier	[hiːɐ]
daar (bw)	dort	[dɔʁt]

| ergens (bw) | irgendwo | [ˈɪʁɡəntˈvoː] |
| nergens (bw) | nirgends | [ˈnɪʁɡənts] |

| bij ... (in de buurt) | an | [an] |
| bij het raam | am Fenster | [am ˈfɛnstɐ] |

| Waarheen? | Wohin? | [voˈhɪn] |
| hierheen (bw) | hierher | [ˈhiːɐˈheːɐ] |

daarheen (bw)	dahin	[da'hɪn]
hiervandaan (bw)	von hier	[fɔn hi:ɐ]
daarvandaan (bw)	von da	[fɔn da:]
dichtbij (bw)	nah	[na:]
ver (bw)	weit	[vaɪt]
in de buurt (van …)	in der Nähe von …	[ɪn de:ɐ 'nɛ:ə fɔn]
dichtbij (bw)	in der Nähe	[ɪn de:ɐ 'nɛ:ə]
niet ver (bw)	unweit	['ʊnvaɪt]
linker (bn)	link	[lɪŋk]
links (bw)	links	[lɪŋks]
linksaf, naar links (bw)	nach links	[na:χ lɪŋks]
rechter (bn)	recht	[Rɛçt]
rechts (bw)	rechts	[Rɛçts]
rechtsaf, naar rechts (bw)	nach rechts	[na:χ Rɛçts]
vooraan (bw)	vorne	['fɔʁnə]
voorste (bn)	Vorder-	['fɔʁdɐ]
vooruit (bw)	vorwärts	['fo:ɐvɛʁts]
achter (bw)	hinten	['hɪntən]
van achteren (bw)	von hinten	[fɔn 'hɪntən]
achteruit (naar achteren)	rückwärts	['Rʏk‚vɛʁts]
midden (het)	Mitte (f)	['mɪtə]
in het midden (bw)	in der Mitte	[ɪn de:ɐ 'mɪtə]
opzij (bw)	seitlich	['zaɪtlɪç]
overal (bw)	überall	[y:bɐ'ʔal]
omheen (bw)	ringsherum	[‚Rɪŋshɛ'Rʊm]
binnenuit (bw)	von innen	[fɔn 'ɪnən]
naar ergens (bw)	irgendwohin	['ɪʁgənt·vo'hɪn]
rechtdoor (bw)	geradeaus	[gəRa:də'ʔaʊs]
terug (bijv. ~ komen)	zurück	[tsu'Rʏk]
ergens vandaan (bw)	irgendwoher	['ɪʁgənt·vo'he:ɐ]
ergens vandaan (en dit geld moet ~ komen)	von irgendwo	[fɔn ‚ɪʁgənt'vo:]
ten eerste (bw)	erstens	['e:ɐstəns]
ten tweede (bw)	zweitens	['tsvaɪtəns]
ten derde (bw)	drittens	['dRɪtəns]
plotseling (bw)	plötzlich	['plœtslɪç]
in het begin (bw)	zuerst	[tsu'ʔe:ɐst]
voor de eerste keer (bw)	zum ersten Mal	[tsʊm 'e:ɐstən 'ma:l]
lang voor … (bw)	lange vor …	['laŋə fo:ɐ]
opnieuw (bw)	von Anfang an	[fɔn 'an‚faŋ an]
voor eeuwig (bw)	für immer	[fy:ɐ 'ɪmɐ]
nooit (bw)	nie	[ni:]
weer (bw)	wieder	['vi:dɐ]

nu (bw)	jetzt	[jɛtst]
vaak (bw)	oft	[ɔft]
toen (bw)	damals	['daːmaːls]
urgent (bw)	dringend	['dʀɪŋənt]
meestal (bw)	gewöhnlich	[gə'vøːnlɪç]
trouwens, ... (tussen haakjes)	übrigens, ...	['yːbʀɪgəns]
mogelijk (bw)	möglicherweise	['møːklɪçə'vaɪzə]
waarschijnlijk (bw)	wahrscheinlich	[vaːɐ̯'ʃaɪnlɪç]
misschien (bw)	vielleicht	[fi'laɪçt]
trouwens (bw)	außerdem ...	['aʊsɐdeːm]
daarom ...	deshalb ...	['dɛs'halp]
in weerwil van ...	trotz ...	[tʀɔts]
dankzij ...	dank ...	[daŋk]
wat (vn)	was	[vas]
dat (vw)	das	[das]
iets (vn)	etwas	['ɛtvas]
iets	irgendwas	['ɪʀɡənt'vas]
niets (vn)	nichts	[nɪçts]
wie (~ is daar?)	wer	[veːɐ̯]
iemand (een onbekende)	jemand	['jeːmant]
iemand (een bepaald persoon)	irgendwer	['ɪʀɡənt'veːɐ̯]
niemand (vn)	niemand	['niːmant]
nergens (bw)	nirgends	['nɪʀɡənts]
niemands (bn)	niemandes	['niːmandəs]
iemands (bn)	jemandes	['jeːmandəs]
zo (Ik ben ~ blij)	so	[zoː]
ook (evenals)	auch	['aʊx]
alsook (eveneens)	ebenfalls	['eːbənˌfals]

18. Functiewoorden. Bijwoorden. Deel 2

Waarom?	Warum?	[va'ʀʊm]
om een bepaalde reden	aus irgendeinem Grund	['aʊs 'ɪʀɡənt'ʔaɪnəm ɡʀʊnt]
omdat ...	weil ...	[vaɪl]
voor een bepaald doel	zu irgendeinem Zweck	[tsu 'ɪʀɡənt'ʔaɪnəm tsvɛk]
en (vw)	und	[ʊnt]
of (vw)	oder	['oːdɐ]
maar (vw)	aber	['aːbɐ]
voor (vz)	für	[fyːɐ̯]
te (~ veel mensen)	zu	[tsuː]
alleen (bw)	nur	[nuːɐ̯]
precies (bw)	genau	[gə'naʊ]
ongeveer (~ 10 kg)	etwa	['ɛtva]
omstreeks (bw)	ungefähr	['ʊngəfɛːɐ̯]

bij benadering (bn)	ungefähr	['ʊngəfɛːɐ]
bijna (bw)	fast	[fast]
rest (de)	Übrige (n)	['yːbʀɪgə]

de andere (tweede)	der andere	[deːɐ 'andəʀə]
ander (bn)	andere	['andəʀə]
elk (bn)	jeder (m)	['jeːdɐ]
om het even welk	beliebig	[bɛ'liːbɪç]
veel (grote hoeveelheid)	vie	[fiːl]
veel mensen	vie e Menschen	['fiːlə 'mɛnʃən]
iedereen (alle personen)	alle	['alə]

in ruil voor ...	im Austausch gegen ...	[ɪm 'aʊsˌtaʊʃ 'geːgən]
in ruil (bw)	dafür	[da'fyːɐ]
met de hand (bw)	mit der Hand	[mɪt deːɐ hant]
onwaarschijnlijk (bw)	schwerlich	['ʃveːɐlɪç]

waarschijnlijk (bw)	wahrscheinlich	[vaːɐ'ʃaɪnlɪç]
met opzet (bw)	absichtlich	['apˌzɪçtlɪç]
toevallig (bw)	zufällig	['tsuːfɛlɪç]

zeer (bw)	sehr	[zeːɐ]
bijvoorbeeld (bw)	zum Beispiel	[tsʊm 'baɪˌʃpiːl]
tussen (~ twee steden)	zwischen	['tsvɪʃən]
tussen (te midden van)	unter	['ʊntɐ]
zoveel (bw)	so viel	[zoː 'fiːl]
vooral (bw)	besonders	[bə'zɔndɐs]

Basisbegrippen Deel 2

19. Dagen van de week

maandag (de)	**Montag** (m)	['moːntaːk]
dinsdag (de)	**Dienstag** (m)	['diːnstaːk]
woensdag (de)	**Mittwoch** (m)	['mɪtvɔχ]
donderdag (de)	**Donnerstag** (m)	['dɔnɐstaːk]
vrijdag (de)	**Freitag** (m)	['fʀaɪtaːk]
zaterdag (de)	**Samstag** (m)	['zamstaːk]
zondag (de)	**Sonntag** (m)	['zɔntaːk]
vandaag (bw)	**heute**	['hɔɪtə]
morgen (bw)	**morgen**	['mɔʁgən]
overmorgen (bw)	**übermorgen**	['yːbɐˌmɔʁgən]
gisteren (bw)	**gestern**	['gɛstɐn]
eergisteren (bw)	**vorgestern**	['foːɐgɛstɐn]
dag (de)	**Tag** (m)	[taːk]
werkdag (de)	**Arbeitstag** (m)	['aʁbaɪtsˌtaːk]
feestdag (de)	**Feiertag** (m)	['faɪɐˌtaːk]
verlofdag (de)	**freier Tag** (m)	['fʀaɪɐ taːk]
weekend (het)	**Wochenende** (n)	['vɔχənˌʔɛndə]
de hele dag (bw)	**den ganzen Tag**	[den 'gantsən 'taːk]
de volgende dag (bw)	**am nächsten Tag**	[am 'nɛːçstən taːk]
twee dagen geleden	**zwei Tage vorher**	[tsvaɪ 'taːgə 'foːɐheːɐ]
aan de vooravond (bw)	**am Vortag**	[am 'foːɐˌtaːk]
dag-, dagelijks (bn)	**täglich**	['tɛːklɪç]
elke dag (bw)	**täglich**	['tɛːklɪç]
week (de)	**Woche** (f)	['vɔχə]
vorige week (bw)	**letzte Woche**	['lɛtstə 'vɔχə]
volgende week (bw)	**nächste Woche**	['nɛːçstə 'vɔχə]
wekelijks (bn)	**wöchentlich**	['vœçəntlɪç]
elke week (bw)	**wöchentlich**	['vœçəntlɪç]
twee keer per week	**zweimal pro Woche**	['tsvaɪmaːl pʀo 'vɔχə]
elke dinsdag	**jeden Dienstag**	['jeːdən 'diːnstaːk]

20. Uren. Dag en nacht

morgen (de)	**Morgen** (m)	['mɔʁgən]
's morgens (bw)	**morgens**	['mɔʁgəns]
middag (de)	**Mittag** (m)	['mɪtaːk]
's middags (bw)	**nachmittags**	['naːχmɪˌtaːks]
avond (de)	**Abend** (m)	['aːbənt]
's avonds (bw)	**abends**	['aːbənts]

nacht (de)	Nacht (f)	[naχt]
's nachts (bw)	nachts	[naχts]
middernacht (de)	Mitternacht (f)	['mɪtə‚naχt]
seconde (de)	Sekunde (f)	[zeˈkʊndə]
minuut (de)	Minute (f)	[miˈnuːtə]
uur (het)	Stunde (f)	[ˈʃtʊndə]
halfuur (het)	eine halbe Stunde	[ˈaɪnə ˈhalbə ˈʃtʊndə]
kwartier (het)	Viertelstunde (f)	[ˈfɪʁtəlˌʃtʊndə]
vijftien minuten	fünfzehn Minuten	[ˈfʏnftseːn miˈnuːtən]
etmaal (het)	Tag und Nacht	[ˈtaːk ʊnt ˈnaχt]
zonsopgang (de)	Sonnenaufgang (m)	[ˈzɔnənˌʔaʊfgaŋ]
dageraad (de)	Morgendämmerung (f)	[ˈmɔʁgənˌdɛməʁʊŋ]
vroege morgen (de)	früher Morgen (m)	[ˈfʁyːɐ ˈmɔʁgən]
zonsondergang (de)	Sonnenuntergang (m)	[ˈzɔnənˌʔʊntegaŋ]
's morgens vroeg (bw)	früh am Morgen	[fʁyː am ˈmɔʁgən]
vanmorgen (bw)	heute morgen	[ˈhɔɪtə ˈmɔʁgən]
morgenochtend (bw)	morgen früh	[ˈmɔʁgən fʁyː]
vanmiddag (bw)	heute Mittag	[ˈhɔɪtə ˈmɪtaːk]
's middags (bw)	nachmittags	[ˈnaːχmɪˌtaːks]
morgenmiddag (bw)	morgen Nachmittag	[ˈmɔʁgən ˈnaːχmɪˌtaːk]
vanavond (bw)	heute Abend	[ˈhɔɪtə ˈaːbənt]
morgenavond (bw)	morgen Abend	[ˈmɔʁgən ˈaːbənt]
klokslag drie uur	Punkt drei Uhr	[pʊŋkt dʁaɪ uːɐ]
ongeveer vier uur	gegen vier Uhr	[ˈgeːgn fiːɐ uːɐ]
tegen twaalf uur	um zwölf Uhr	[ʊm tsvœlf uːɐ]
over twintig minuten	in zwanzig Minuten	[ɪn ˈtsvantsɪç miˈnuːtən]
over een uur	in einer Stunde	[ɪn ˈaɪnə ˈʃtʊndə]
op tijd (bw)	rechtzeitig	[ˈʁɛçtˌtsaɪtɪç]
kwart voor …	Viertel vor …	[ˈfɪʁtəl foːɐ]
binnen een uur	innerhalb einer Stunde	[ˈɪnɐhalp ˈaɪnə ˈʃtʊndə]
elk kwartier	alle fünfzehn Minuten	[ˈalə ˈfʏnftseːn miˈnuːtən]
de klok rond	Tag und Nacht	[ˈtaːk ʊnt ˈnaχt]

21. Maanden. Seizoenen

januari (de)	Januar (m)	[ˈjanuaːɐ]
februari (de)	Februar (m)	[ˈfeːbʁuaːɐ]
maart (de)	März (m)	[mɛʁts]
april (de)	April (m)	[aˈpʁɪl]
mei (de)	Mai (m)	[maɪ]
juni (de)	Juni (m)	[ˈjuːni]
juli (de)	Juli (m)	[ˈjuːli]
augustus (de)	August (m)	[aʊˈgʊst]
september (de)	September (m)	[zɛpˈtɛmbɐ]
oktober (de)	Oktober (m)	[ɔkˈtoːbɐ]

november (de)	**November** (m)	[no'vɛmbɐ]
december (de)	**Dezember** (m)	[de'tsɛmbɐ]
lente (de)	**Frühling** (m)	['fʀyːlɪŋ]
in de lente (bw)	**im Frühling**	[ɪm 'fʀyːlɪŋ]
lente- (abn)	**Frühlings-**	['fʀyːlɪŋs]
zomer (de)	**Sommer** (m)	['zɔmɐ]
in de zomer (bw)	**im Sommer**	[ɪm 'zɔmɐ]
zomer-, zomers (bn)	**Sommer-**	['zɔmɐ]
herfst (de)	**Herbst** (m)	[hɛʁpst]
in de herfst (bw)	**im Herbst**	[ɪm hɛʁpst]
herfst- (abn)	**Herbst-**	[hɛʁpst]
winter (de)	**Winter** (m)	['vɪntɐ]
in de winter (bw)	**im Winter**	[ɪm 'vɪntɐ]
winter- (abn)	**Winter-**	['vɪntɐ]
maand (de)	**Monat** (m)	['moːnat]
deze maand (bw)	**in diesem Monat**	[ɪn 'diːzəm 'moːnat]
volgende maand (bw)	**nächsten Monat**	['nɛːçstən 'moːnat]
vorige maand (bw)	**letzten Monat**	['lɛtstən 'moːnat]
een maand geleden (bw)	**vor einem Monat**	[foːɐ 'aɪnəm 'moːnat]
over een maand (bw)	**über eine Monat**	['yːbɐ 'aɪnə 'moːnat]
over twee maanden (bw)	**in zwei Monaten**	[ɪn tsvaɪ 'moːnatən]
de hele maand (bw)	**einen ganzen Monat**	['aɪnən 'gantsən 'moːnat]
een volle maand (bw)	**den ganzen Monat**	[deːn 'gantsən 'moːnat]
maand-, maandelijks (bn)	**monatlich**	['moːnatlɪç]
maandelijks (bw)	**monatlich**	['moːnatlɪç]
elke maand (bw)	**jeden Monat**	['jeːdən 'moːnat]
twee keer per maand	**zweimal pro Monat**	['tsvaɪmaːl pʀɔ 'moːnat]
jaar (het)	**Jahr** (n)	[jaːɐ]
dit jaar (bw)	**dieses Jahr**	['diːzəs jaːɐ]
volgend jaar (bw)	**nächstes Jahr**	['nɛːçstəs jaːɐ]
vorig jaar (bw)	**voriges Jahr**	['foːʀɪgəs jaːɐ]
een jaar geleden (bw)	**vor einem Jahr**	[foːɐ 'aɪnəm jaːɐ]
over een jaar	**in einem Jahr**	[ɪn 'aɪnəm jaːɐ]
over twee jaar	**in zwei Jahren**	[ɪn tsvaɪ 'jaːʀən]
het hele jaar	**ein ganzes Jahr**	[aɪn 'gantsəs jaːɐ]
een vol jaar	**das ganze Jahr**	[das 'gantsə jaːɐ]
elk jaar	**jedes Jahr**	['jeːdəs jaːɐ]
jaar-, jaarlijks (bn)	**jährlich**	['jɛːelɪç]
jaarlijks (bw)	**jährlich**	['jɛːelɪç]
4 keer per jaar	**viermal pro Jahr**	['fiːemaːl pʀɔ jaːɐ]
datum (de)	**Datum** (n)	['daːtʊm]
datum (de)	**Datum** (n)	['daːtʊm]
kalender (de)	**Kalender** (m)	[ka'lɛndɐ]
een half jaar	**ein halbes Jahr**	[aɪn 'halbəs jaːɐ]
zes maanden	**Halbjahr** (n)	['halpˌjaːɐ]

seizoen (bijv. lente, zomer)	Saison (f)	[zɛ'zɔŋ]
eeuw (de)	Jahrhundert (n)	[jaːɐ'hʊndɐt]

22. Meeteenheden

gewicht (het)	Gewicht (n)	[gə'vɪçt]
lengte (de)	Länge (f)	['lɛŋə]
breedte (de)	Breite (f)	['bʀaɪtə]
hoogte (de)	Höhe (f)	['høːə]
diepte (de)	Tiefe (f)	['tiːfə]
volume (het)	Volumen (n)	[vo'luːmən]
oppervlakte (de)	Fläche (f)	['flɛçə]

gram (het)	Gramm (n)	[gʀam]
milligram (het)	Milligramm (n)	['mɪliˌgʀam]
kilogram (het)	Kilo (n)	['kiːlo]
ton (duizend kilo)	Tonne (f)	['tɔnə]
pond (het)	Pfund (n)	[pfʊnt]
ons (het)	Unze (f)	['ʊntsə]

meter (de)	Meter (m, n)	['meːtɐ]
millimeter (de)	Millimeter (m)	['mɪliˌmeːtɐ]
centimeter (de)	Zentimeter (m, n)	[ˌtsɛnti'meːtɐ]
kilometer (de)	Kilometer (m)	[ˌkilo'meːtɐ]
mijl (de)	Meile (f)	['maɪlə]

duim (de)	Zoll (m)	[tsɔl]
voet (de)	Fuß (m)	[fuːs]
yard (de)	Yard (n)	[jaːɐt]

vierkante meter (de)	Quadratmeter (m)	[kva'dʀaːtˌmeːtɐ]
hectare (de)	Hektar (n)	['hɛktaːɐ]

liter (de)	Liter (m, n)	['liːtɐ]
graad (de)	Grad (m)	[gʀaːt]
volt (de)	Volt (n)	[vɔlt]
ampère (de)	Ampere (n)	[am'peːɐ]
paardenkracht (de)	Pferdestärke (f)	['pfeːɐdəˌʃtɛʀkə]

hoeveelheid (de)	Anzahl (f)	['antsaːl]
een beetje …	etwas …	['ɛtvas]
helft (de)	Hälfte (f)	['hɛlftə]

dozijn (het)	Dutzend (n)	['dʊtsənt]
stuk (het)	Stück (n)	[ʃtʏk]

afmeting (de)	Größe (f)	['gʀøːsə]
schaal (bijv. ~ van 1 op 50)	Maßstab (m)	['maːsʃtaːp]

minimaal (bn)	minimal	[mini'maːl]
minste (bn)	der kleinste	[deːɐ 'klaɪnstə]
medium (bn)	mittler, mittel-	['mɪtlɐ], ['mɪtəl]
maximaal (bn)	maximal	[maksi'maːl]
grootste (bn)	der größte	[deːɐ 'gʀøːstə]

23. Containers

glazen pot (de)	**Glas** (n)	[gla:s]
blik (conserven~)	**Dose** (f)	['do:zə]
emmer (de)	**Eimer** (m)	['aɪmɐ]
ton (bijv. regenton)	**Fass** (n), **Tonne** (f)	[fas], ['tɔnə]

ronde waterbak (de)	**Waschschüssel** (n)	['vaʃʃysəl]
tank (bijv. watertank-70-ltr)	**Tank** (m)	[taŋk]
heupfles (de)	**Flachmann** (m)	['flaxman]
jerrycan (de)	**Kanister** (m)	[ka'nɪstɐ]
tank (bijv. ketelwagen)	**Zisterne** (f)	[tsɪs'tɛʁnə]

beker (de)	**Kaffeebecher** (m)	['kafe̩bɛçɐ]
kopje (het)	**Tasse** (f)	['tasə]
schoteltje (het)	**Untertasse** (f)	['ʊntɐ̩tasə]
glas (het)	**Wasserglas** (n)	['vasɐ̩ɡlaːs]
wijnglas (het)	**Weinglas** (n)	['vaɪŋɡlaːs]
pan (de)	**Kochtopf** (m)	['kɔx̩tɔpf]

fles (de)	**Flasche** (f)	['flaʃə]
flessenhals (de)	**Flaschenhals** (m)	['flaʃən̩hals]

karaf (de)	**Karaffe** (f)	[ka'ʁafə]
kruik (de)	**Tonkrug** (m)	['toːn̩kʁuːk]
vat (het)	**Gefäß** (n)	[ɡə'fɛːs]
pot (de)	**Tontopf** (m)	['toːn̩tɔpf]
vaas (de)	**Vase** (f)	['vaːzə]

flacon (de)	**Flakon** (n)	[fla'kɔŋ]
flesje (het)	**Fläschchen** (n)	['flɛʃçən]
tube (bijv. ~ tandpasta)	**Tube** (f)	['tuːbə]

zak (bijv. ~ aardappelen)	**Sack** (m)	[zak]
tasje (het)	**Tüte** (f)	['tyːtə]
pakje (~ sigaretten, enz.)	**Schachtel** (f)	['ʃaxtəl]

doos (de)	**Karton** (m)	[kaʁ'tɔŋ]
kist (de)	**Kiste** (f)	['kɪstə]
mand (de)	**Korb** (m)	[kɔʁp]

MENS

Mens. Het lichaam

24. Hoofd

hoofd (het)	**Kopf** (m)	[kɔpf]
gezicht (het)	**Gesicht** (n)	[gə'zɪçt]
neus (de)	**Nase** (f)	['naːzə]
mond (de)	**Mund** (m)	[mʊnt]
oog (het)	**Auge** (n)	['aʊgə]
ogen (mv.)	**Augen** (pl)	['aʊgən]
pupil (de)	**Pupille** (f)	[puˈpɪlə]
wenkbrauw (de)	**Augenbraue** (f)	['aʊgənˌbʀaʊə]
wimper (de)	**Wimper** (f)	['vɪmpɐ]
ooglid (het)	**Augenlid** (n)	['aʊgənˌliːt]
tong (de)	**Zunge** (f)	['tsʊŋə]
tand (de)	**Zahn** (m)	[tsaːn]
lippen (mv.)	**Lippen** (pl)	['lɪpən]
jukbeenderen (mv.)	**Backenknochen** (pl)	['bakənˌknɔχən]
tandvlees (het)	**Zahnfleisch** (n)	['tsaːnˌflaɪʃ]
gehemelte (het)	**Gaumen** (m)	['gaʊmən]
neusgaten (mv.)	**Nasenlöcher** (pl)	['naːzənˌlœçɐ]
kin (de)	**Kinn** (n)	[kɪn]
kaak (de)	**Kiefer** (m)	['kiːfɐ]
wang (de)	**Wange** (f)	['vaŋə]
voorhoofd (het)	**Stirn** (f)	[ʃtɪʁn]
slaap (de)	**Schläfe** (f)	['ʃlɛːfə]
oor (het)	**Ohr** (n)	[oːɐ]
achterhoofd (het)	**Nacken** (m)	['nakən]
hals (de)	**Hals** (m)	[hals]
keel (de)	**Kehle** (f)	['keːlə]
haren (mv.)	**Haare** (pl)	['haːʀə]
kapsel (het)	**Frisur** (f)	[fʀiˈzuːɐ]
haarsnit (de)	**Haarschnitt** (m)	['haːɐˌʃnɪt]
pruik (de)	**Perücke** (f)	[peˈʀʏkə]
snor (de)	**Schnurrbart** (m)	['ʃnʊʁˌbaːɐt]
baard (de)	**Bart** (m)	[baːɐt]
dragen (een baard, enz.)	**haben** (vt)	['haːbən]
vlecht (de)	**Zopf** (m)	[tsɔpf]
bakkebaarden (mv.)	**Backenbart** (m)	['bakənˌbaːɐt]
ros (roodachtig, rossig)	**rothaarig**	['ʀoːtˌhaːʀɪç]
grijs (~ haar)	**grau**	[gʀaʊ]

kaal (bn)	kahl	[kaːl]
kale plek (de)	Glatze (f)	['glatsə]
paardenstaart (de)	Pferdeschwanz (m)	['pfeːɐdəʃvants]
pony (de)	Pony (m)	['pɔni]

25. Menselijk lichaam

hand (de)	Hand (f)	[hant]
arm (de)	Arm (m)	[aʁm]
vinger (de)	Finger (m)	['fɪŋɐ]
teen (de)	Zehe (f)	['tseːə]
duim (de)	Daumen (m)	['daʊmən]
pink (de)	kleiner Finger (m)	['klaɪnɐ 'fɪŋɐ]
nagel (de)	Nagel (m)	['naːgəl]
vuist (de)	Faust (f)	[faʊst]
handpalm (de)	Handfläche (f)	['hantˌflɛçə]
pols (de)	Handgelenk (n)	['hantgəˌlɛŋk]
voorarm (de)	Unterarm (m)	['ʊnteˌʔaʁm]
elleboog (de)	Ellbogen (m)	['ɛlˌboːgən]
schouder (de)	Schulter (f)	['ʃʊltɐ]
been (rechter ~)	Bein (n)	[baɪn]
voet (de)	Fuß (m)	[fuːs]
knie (de)	Knie (n)	[kniː]
kuit (de)	Wade (f)	['vaːdə]
heup (de)	Hüfte (f)	['hʏftə]
hiel (de)	Ferse (f)	['fɛʁzə]
lichaam (het)	Körper (m)	['kœʁpɐ]
buik (de)	Bauch (m)	['baʊχ]
borst (de)	Brust (f)	[bʁʊst]
borst (de)	Busen (m)	['buːzən]
zijde (de)	Seite (f), Flanke (f)	['zaɪtə], ['flaŋkə]
rug (de)	Rücken (m)	['ʁʏkən]
lage rug (de)	Kreuz (n)	[kʁɔɪts]
taille (de)	Taille (f)	['taljə]
navel (de)	Nabel (m)	['naːbəl]
billen (mv.)	Gesäßbacken (pl)	[gəˈzɛːsˌbakən]
achterwerk (het)	Hinterteil (n)	['hɪntɐˌtaɪl]
huidvlek (de)	Leberfleck (m)	['leːbɐˌflɛk]
moedervlek (de)	Muttermal (n)	['mʊtɐˌmaːl]
tatoeage (de)	Tätowierung (f)	[tɛtoˈviːʁʊŋ]
litteken (het)	Narbe (f)	['naʁbə]

Kleding en accessoires

26. Bovenkleding. Jassen

kleren (mv.)	Kleidung (f)	['klaɪdʊŋ]
bovenkleding (de)	Oberkleidung (f)	['oːbɐˌklaɪdʊŋ]
winterkleding (de)	Winterkleidung (f)	['vɪntɐˌklaɪdʊŋ]
jas (de)	Mantel (m)	['mantəl]
bontjas (de)	Pelzmantel (m)	['pɛltsˌmantəl]
bontjasje (het)	Pelzjacke (f)	['pɛltsˌjakə]
donzen jas (de)	Daunenjacke (f)	['daʊnənˌjakə]
jasje (bijv. een leren ~)	Jacke (f)	['jakə]
regenjas (de)	Regenmantel (m)	['ʀeːɡənˌmantəl]
waterdicht (bn)	wasserdicht	['vasɐˌdɪçt]

27. Heren & dames kleding

overhemd (het)	Hemd (n)	[hɛmt]
broek (de)	Hose (f)	['hoːzə]
jeans (de)	Jeans (f)	[dʒiːns]
colbert (de)	Jackett (n)	[ʒa'kɛt]
kostuum (het)	Anzug (m)	['anˌtsuːk]
jurk (de)	Kleid (n)	[klaɪt]
rok (de)	Rock (m)	[ʀɔk]
blouse (de)	Bluse (f)	['bluːzə]
wollen vest (de)	Strickjacke (f)	['ʃtʀɪkˌjakə]
blazer (kort jasje)	Jacke (f)	['jakə]
T-shirt (het)	T-Shirt (n)	['tiːˌʃøːɐt]
shorts (mv.)	Shorts (pl)	[ʃɔʁts]
trainingspak (het)	Sportanzug (m)	['ʃpɔʁtˌantsuːk]
badjas (de)	Bademantel (m)	['baːdəˌmantəl]
pyjama (de)	Schlafanzug (m)	['ʃlaːfʔanˌtsuːk]
sweater (de)	Sweater (m)	['swɛtɐ]
pullover (de)	Pullover (m)	[pʊ'loːvɐ]
gilet (het)	Weste (f)	['vɛstə]
rokkostuum (het)	Frack (m)	[fʀak]
smoking (de)	Smoking (m)	['smoːkɪŋ]
uniform (het)	Uniform (f)	['uniˌfɔʁm]
werkkleding (de)	Arbeitskleidung (f)	['aʁbaɪtsˌklaɪdʊŋ]
overall (de)	Overall (m)	['oːvɐʀal]
doktersjas (de)	Kittel (m)	['kɪtəl]

28. Kleding. Ondergoed

ondergoed (het)	Unterwäsche (f)	['ʊntɐˌvɛʃə]
herenslip (de)	Herrenslip (m)	['hɛʀənˌslɪp]
slipjes (mv.)	Damenslip (m)	['daːmənˌslɪp]
onderhemd (het)	Unterhemd (n)	['ʊntɐˌhɛmt]
sokken (mv.)	Socken (pl)	['zɔkən]
nachthemd (het)	Nachthemd (n)	['naχtˌhɛmt]
beha (de)	Büstenhalter (m)	['bystənˌhaltɐ]
kniekousen (mv.)	Kniestrümpfe (pl)	['kniːˌʃtʀʏmpfə]
panty (de)	Strumpfhose (f)	['ʃtʀʊmpfˌhoːzə]
nylonkousen (mv.)	Strümpfe (pl)	['ʃtʀʏmpfə]
badpak (het)	Badeanzug (m)	['baːdəˌʔantsuːk]

29. Hoofddeksels

hoed (de)	Mütze (f)	['mʏtsə]
deukhoed (de)	Filzhut (m)	['fɪltsˌhuːt]
honkbalpet (de)	Baseballkappe (f)	['bɛɪsboːlˌkapə]
kleppet (de)	Schiebermütze (f)	['ʃiːbɐˌmʏtsə]
baret (de)	Baskenmütze (f)	['baskənˌmʏtsə]
kap (de)	Kapuze (f)	[ka'puːtsə]
panamahoed (de)	Panamahut (m)	['panamaːˌhuːt]
gebreide muts (de)	Strickmütze (f)	['ʃtʀɪkˌmʏtsə]
hoofddoek (de)	Kopftuch (n)	['kɔpfˌtuːχ]
dameshoed (de)	Damenhut (m)	['daːmənˌhuːt]
veiligheidshelm (de)	Schutzhelm (m)	['ʃʊtsˌhɛlm]
veldmuts (de)	Feldmütze (f)	['fɛltˌmʏtsə]
helm, valhelm (de)	Helm (m)	[hɛlm]
bolhoed (de)	Melone (f)	[meˈloːnə]
hoge hoed (de)	Zylinder (m)	[tsy'lɪndɐ]

30. Schoeisel

schoeisel (het)	Schuhe (pl)	['ʃuːə]
schoenen (mv.)	Stiefeletten (pl)	[ʃtiːfə'lɛtən]
vrouwenschoenen (mv.)	Halbschuhe (pl)	['halpˌʃuːə]
laarzen (mv.)	Stiefel (pl)	['ʃtiːfəl]
pantoffels (mv.)	Hausschuhe (pl)	['haʊsˌʃuːə]
sportschoenen (mv.)	Tennisschuhe (pl)	['tɛnɪsˌʃuːə]
sneakers (mv.)	Leinenschuhe (pl)	['laɪnən·ʃuːə]
sandalen (mv.)	Sandalen (pl)	[zan'daːlən]
schoenlapper (de)	Schuster (m)	['ʃuːstɐ]
hiel (de)	Absatz (m)	['apˌzats]

TEP Books. Thematische woordenschat Nederlands-Duits - 5000 woorden

paar (een ~ schoenen)	Paar (n)	[pa:ɐ]
veter (de)	Schnürsenkel (m)	[ˈʃny:ɐˌsɛŋkəl]
rijgen (schoenen ~)	schnüren (vt)	[ˈʃny:Rən]
schoenlepel (de)	Schuhlöffel (m)	[ˈʃu:ˌlœfəl]
schoensmeer (de/het)	Schuhcreme (f)	[ˈʃu:ˌkRɛ:m]

31. Persoonlijke accessoires

handschoenen (mv.)	Handschuhe (pl)	[ˈhantˌʃu:ə]
wanten (mv.)	Fausthandschuhe (pl)	[ˈfaʊst·hantˌʃu:ə]
sjaal (fleece ~)	Schal (m)	[ʃa:l]

bril (de)	Brille (f)	[ˈbRɪlə]
brilmontuur (het)	Brillengestell (n)	[ˈbRɪlən·gəˈʃtɛl]
paraplu (de)	Regenschirm (m)	[ˈRe:gənˌʃɪʁm]
wandelstok (de)	Spazierstock (m)	[ʃpaˈtsi:ɐˌʃtɔk]
haarborstel (de)	Haarbürste (f)	[ˈha:ɐˌbyʁstə]
waaier (de)	Fächer (m)	[ˈfɛçɐ]

das (de)	Krawatte (f)	[kRaˈvatə]
strikje (het)	Fliege (f)	[ˈfli:gə]
bretels (mv.)	Hosenträger (pl)	[ˈho:zənˌtRɛ:gɐ]
zakdoek (de)	Taschentuch (n)	[ˈtaʃənˌtu:χ]

kam (de)	Kamm (m)	[kam]
haarspeldje (het)	Haarspange (f)	[ˈha:ɐˌʃpaŋə]
schuifspeldje (het)	Haarnadel (f)	[ˈha:ɐˌna:dəl]
gesp (de)	Schnalle (f)	[ˈʃnalə]

| broekriem (de) | Gürtel (m) | [ˈgyʁtəl] |
| draagriem (de) | Umhängegurt (m) | [ˈʊmhɛŋəˌgʊʁt] |

handtas (de)	Tasche (f)	[ˈtaʃə]
damestas (de)	Handtasche (f)	[ˈhantˌtaʃə]
rugzak (de)	Rucksack (m)	[ˈRʊkˌzak]

32. Kleding. Diversen

mode (de)	Mode (f)	[ˈmo:də]
de mode (bn)	modisch	[ˈmo:dɪʃ]
kledingstilist (de)	Modedesigner (m)	[ˈmo:də·diˈzaɪnɐ]

kraag (de)	Kragen (m)	[ˈkRa:gən]
zak (de)	Tasche (f)	[ˈtaʃə]
zak- (abn)	Taschen-	[ˈtaʃən]
mouw (de)	Ärmel (m)	[ˈɛʁməl]
lusje (het)	Aufhänger (m)	[ˈaʊfˌhɛŋɐ]
gulp (de)	Hosenschlitz (m)	[ˈho:zənʃlɪts]

rits (de)	Reißverschluss (m)	[ˈRaɪs·fɛɐˈʃlʊs]
sluiting (de)	Verschluss (m)	[fɛɐˈʃlʊs]
knoop (de)	Knopf (m)	[knɔpf]

knoopsgat (het)	**Knopfloch** (n)	['knɔpf‚lɔχ]
losraken (bijv. knopen)	**abgehen** (vi)	['ap‚ge:ən]

naaien (kleren, enz.)	**nähen** (vi, vt)	['nɛ:ən]
borduren (ww)	**sticken** (vt)	['ʃtɪkən]
borduursel (het)	**Stickerei** (f)	[ʃtɪkə'ʀaɪ]
naald (de)	**Nadel** (f)	['na:dəl]
draad (de)	**Faden** (m)	['fa:dən]
naad (de)	**Naht** (f)	[na:t]

vies worden (ww)	**sich beschmutzen**	[zɪç bə'ʃmʊtsən]
vlek (de)	**Fleck** (m)	[flɛk]
gekreukt raken (ov. kleren)	**sich knittern**	[zɪç 'knɪtən]
scheuren (ov.ww.)	**zerreißen** (vt)	[tsɛɐ'ʀaɪsən]
mot (de)	**Motte** (f)	['mɔtə]

33. Persoonlijke verzorging. Schoonheidsmiddelen

tandpasta (de)	**Zahnpasta** (f)	['tsa:n‚pasta]
tandenborstel (de)	**Zahnbürste** (f)	['tsa:n‚bʏʀstə]
tanden poetsen (ww)	**Zähne putzen**	['tsɛ:nə 'pʊtsən]

scheermes (het)	**Rasierer** (m)	[ʀa'zi:ʀɐ]
scheerschuim (het)	**Rasiercreme** (f)	[ʀa'zi:ɐ‚kʀɛ:m]
zich scheren (ww)	**sich rasieren**	[zɪç ʀa'zi:ʀən]

zeep (de)	**Seife** (f)	['zaɪfə]
shampoo (de)	**Shampoo** (n)	['ʃampu]

schaar (de)	**Schere** (f)	['ʃe:ʀə]
nagelvijl (de)	**Nagelfeile** (f)	['na:gəl‚faɪlə]
nagelknipper (de)	**Nagelzange** (f)	['na:gəl‚tsaŋə]
pincet (het)	**Pinzette** (f)	[pɪn'tsɛtə]

cosmetica (mv.)	**Kosmetik** (f)	[kɔs'me:tɪk]
masker (het)	**Gesichtsmaske** (f)	[gə'zɪçts‚maskə]
manicure (de)	**Maniküre** (f)	[mani'ky:ʀɐ]
manicure doen	**Maniküre machen**	[mani'ky:ʀɐ 'maχən]
pedicure (de)	**Pediküre** (f)	[pedi'ky:ʀɐ]

cosmetica tasje (het)	**Kosmetiktasche** (f)	[kɔs'me:tɪk‚taʃə]
poeder (de/het)	**Puder** (m)	['pu:dɐ]
poederdoos (de)	**Puderdose** (f)	['pu:dɐ‚do:zə]
rouge (de)	**Rouge** (n)	[ʀu:ʒ]

parfum (de/het)	**Parfüm** (n)	[paʀ'fy:m]
eau de toilet (de)	**Duftwasser** (n)	['dʊft‚vasɐ]
lotion (de)	**Lotion** (f)	[lo'tsjo:n]
eau de cologne (de)	**Kölnischwasser** (n)	['kœlnɪʃ‚vasɐ]

oogschaduw (de)	**Lidschatten** (m)	['li:tʃatən]
oogpotlood (het)	**Kajalstift** (m)	[ka'ja:l‚ʃtɪft]
mascara (de)	**Wimperntusche** (f)	['vɪmpɐn‚tʊʃə]
lippenstift (de)	**Lippenstift** (m)	['lɪpənˌʃtɪft]

nagellak (de)	Nagellack (m)	['naːɡəlˌlak]
haarlak (de)	Haarlack (m)	['haːɐˌlak]
deodorant (de)	Deodorant (n)	[deodo'ʀant]

crème (de)	Creme (f)	[kʀɛːm]
gezichtscrème (de)	Gesichtscreme (f)	[ɡə'zɪçtsˌkʀɛːm]
handcrème (de)	Handcreme (f)	['hantˌkʀɛːm]
antirimpelcrème (de)	Anti-Falten-Creme (f)	[ˌanti'faltən-kʀɛːm]
dagcrème (de)	Tagescreme (f)	['taːɡəsˌkʀɛːm]
nachtcrème (de)	Nachtcreme (f)	['naχtˌkʀɛːm]
dag- (abn)	Tages-	['taːɡəs]
nacht- (abn)	Nacht-	[naχt]

tampon (de)	Tampon (m)	['tampoːn]
toiletpapier (het)	Toilettenpapier (n)	[toa'lɛtən-paˌpiːɐ]
föhn (de)	Föhn (m)	['føːn]

34. Horloges. Klokken

polshorloge (het)	Armbanduhr (f)	['aʁmbantˌʔuːɐ]
wijzerplaat (de)	Zifferblatt (n)	['tsɪfɐˌblat]
wijzer (de)	Zeiger (m)	['tsaɪɡɐ]
metalen horlogeband (de)	Metallarmband (n)	[me'talˌʔaʁmbant]
horlogebandje (het)	Uhrenarmband (n)	['uːʀənˌʔaʁmbant]

batterij (de)	Batterie (f)	[batə'ʀiː]
leeg zijn (ww)	verbraucht sein	[fɛɐ'bʀaʊχt zaɪn]
batterij vervangen	die Batterie wechseln	[di batə'ʀiː 'vɛksəln]
voorlopen (ww)	vorgehen (vi)	['foːɐˌɡeːən]
achterlopen (ww)	nachgehen (vi)	['naːχˌɡeːən]

wandklok (de)	Wanduhr (f)	['vantˌʔuːɐ]
zandloper (de)	Sanduhr (f)	['zantˌʔuːɐ]
zonnewijzer (de)	Sonnenuhr (f)	['zɔnənˌʔuːɐ]
wekker (de)	Wecker (m)	['vɛkɐ]
horlogemaker (de)	Uhrmacher (m)	['uːɐˌmaχɐ]
repareren (ww)	reparieren (vt)	[ʀepa'ʀiːʀən]

Voedsel. Voeding

35. Voedsel

vlees (het)	**Fleisch** (n)	[flaɪʃ]
kip (de)	**Hühnerfleisch** (n)	[ˈhyːnɐˌflaɪʃ]
kuiken (het)	**Küken** (n)	[ˈkyːkən]
eend (de)	**Ente** (f)	[ˈɛntə]
gans (de)	**Gans** (f)	[gans]
wild (het)	**Wild** (n)	[vɪlt]
kalkoen (de)	**Pute** (f)	[ˈpuːtə]
varkensvlees (het)	**Schweinefleisch** (n)	[ˈʃvaɪnəˌflaɪʃ]
kalfsvlees (het)	**Kalbfleisch** (n)	[ˈkalpˌflaɪʃ]
schapenvlees (het)	**Hammelfleisch** (n)	[ˈhaməlˌflaɪʃ]
rundvlees (het)	**Rindfleisch** (n)	[ˈʀɪntˌflaɪʃ]
konijnenvlees (het)	**Kaninchenfleisch** (n)	[kaˈniːnçənˌflaɪʃ]
worst (de)	**Wurst** (f)	[vʊʀst]
saucijs (de)	**Würstchen** (n)	[ˈvyʀstçən]
spek (het)	**Schinkenspeck** (m)	[ˈʃɪŋkənˌʃpɛk]
ham (de)	**Schinken** (m)	[ˈʃɪŋkən]
gerookte achterham (de)	**Räucherschinken** (m)	[ˈʀɔɪçɐˌʃɪŋkən]
paté (de)	**Pastete** (f)	[pasˈteːtə]
lever (de)	**Leber** (f)	[ˈleːbɐ]
gehakt (het)	**Hackfleisch** (n)	[ˈhakˌflaɪʃ]
tong (de)	**Zunge** (f)	[ˈtsʊŋə]
ei (het)	**Ei** (n)	[aɪ]
eieren (mv.)	**Eier** (pl)	[ˈaɪɐ]
eiwit (het)	**Eiweiß** (n)	[ˈaɪvaɪs]
eigeel (het)	**Eigelb** (n)	[ˈaɪgɛlp]
vis (de)	**Fisch** (m)	[fɪʃ]
zeevruchten (mv.)	**Meeresfrüchte** (pl)	[ˈmeːʀəsˌfʀʏçtə]
schaaldieren (mv.)	**Krebstiere** (pl)	[ˈkʀeːpsˌtiːʀə]
kaviaar (de)	**Kaviar** (m)	[ˈkaːvɪaʀ]
krab (de)	**Krabbe** (f)	[ˈkʀabə]
garnaal (de)	**Garnele** (f)	[gaʀˈneːlə]
oester (de)	**Auster** (f)	[ˈaʊstɐ]
langoest (de)	**Languste** (f)	[lanˈgʊstə]
octopus (de)	**Krake** (m)	[ˈkʀaːkə]
inktvis (de)	**Kalmar** (m)	[ˈkalmaʀ]
steur (de)	**Störfleisch** (n)	[ˈʃtøːɐˌflaɪʃ]
zalm (de)	**Lachs** (m)	[laks]
heilbot (de)	**Heilbutt** (m)	[ˈhaɪlbʊt]
kabeljauw (de)	**Dorsch** (m)	[dɔʀʃ]

makreel (de)	Makrele (f)	[ma'kʀeːlə]
tonijn (de)	Tunfisch (m)	['tuːnfɪʃ]
paling (de)	Aal (m)	[aːl]
forel (de)	Forelle (f)	[ˌfo'ʀɛlə]
sardine (de)	Sardine (f)	[zaʁ'diːnə]
snoek (de)	Hecht (m)	[hɛçt]
haring (de)	Hering (m)	['heːʀɪŋ]
brood (het)	Brot (n)	[bʀoːt]
kaas (de)	Käse (m)	['kɛːzə]
suiker (de)	Zucker (m)	['tsʊkɐ]
zout (het)	Salz (n)	[zalts]
rijst (de)	Reis (m)	[ʀaɪs]
pasta (de)	Teigwaren (pl)	['taɪkˌvaːʀən]
noedels (mv.)	Nudeln (pl)	['nuːdəln]
boter (de)	Butter (f)	['bʊtɐ]
plantaardige olie (de)	Pflanzenöl (n)	['pflantsənˌʔøːl]
zonnebloemolie (de)	Sonnenblumenöl (n)	['zɔnənbluːmənˌʔøːl]
margarine (de)	Margarine (f)	[maʁga'ʀiːnə]
olijven (mv.)	Oliven (pl)	[o'liːvən]
olijfolie (de)	Olivenöl (n)	[o'liːvənˌʔøːl]
melk (de)	Milch (f)	[mɪlç]
gecondenseerde melk (de)	Kondensmilch (f)	[kɔn'dɛnsˌmɪlç]
yoghurt (de)	Joghurt (m, f)	['joːgʊʁt]
zure room (de)	saure Sahne (f)	['zaʊʀə 'zaːnə]
room (de)	Sahne (f)	['zaːnə]
mayonaise (de)	Mayonnaise (f)	[majɔ'nɛːzə]
crème (de)	Buttercreme (f)	['bʊtɐˌkʀɛːm]
graan (het)	Grütze (f)	['gʀʏtsə]
meel (het), bloem (de)	Mehl (n)	[meːl]
conserven (mv.)	Konserven (pl)	[kɔn'zɛʁvən]
maïsvlokken (mv.)	Maisflocken (pl)	[maɪs'flɔkən]
honing (de)	Honig (m)	['hoːnɪç]
jam (de)	Marmelade (f)	[ˌmaʁmə'laːdə]
kauwgom (de)	Kaugummi (m, n)	['kaʊˌgʊmi]

36. Drankjes

water (het)	Wasser (n)	['vasɐ]
drinkwater (het)	Trinkwasser (n)	['tʀɪŋkˌvasɐ]
mineraalwater (het)	Mineralwasser (n)	[mineˈʀaːlˌvasɐ]
zonder gas	still	[ʃtɪl]
koolzuurhoudend (bn)	mit Kohlensäure	[mɪt 'koːlənˌzɔɪʀə]
bruisend (bn)	mit Gas	[mɪt gaːs]
ijs (het)	Eis (n)	[aɪs]

met ijs	mit Eis	[mɪt aɪs]
alcohol vrij (bn)	alkoholfrei	[ˈalkohoːlˌfʀaɪ]
alcohol vrije drank (de)	alkoholfreies Getränk (n)	[ˈalkohoːlˌfʀaɪəs ɡəˈtʀɛŋk]
frisdrank (de)	Erfrischungsgetränk (n)	[ɛɐˈfʀɪʃʊŋsˌɡəˌtʀɛŋk]
limonade (de)	Limonade (f)	[limoˈnaːdə]

alcoholische dranken (mv.)	Spirituosen (pl)	[ʃpiʀiˈtuoːzən]
wijn (de)	Wein (m)	[vaɪn]
witte wijn (de)	Weißwein (m)	[ˈvaɪsˌvaɪn]
rode wijn (de)	Rotwein (m)	[ˈʀoːtˌvaɪn]

likeur (de)	Likör (m)	[liˈkøːɐ]
champagne (de)	Champagner (m)	[ʃamˈpanjɐ]
vermout (de)	Wermut (m)	[ˈveːɐmuːt]

whisky (de)	Whisky (m)	[ˈvɪski]
wodka (de)	Wodka (m)	[ˈvɔtka]
gin (de)	Gin (m)	[dʒɪn]
cognac (de)	Kognak (m)	[ˈkɔnjak]
rum (de)	Rum (m)	[ʀʊm]

koffie (de)	Kaffee (m)	[ˈkafe]
zwarte koffie (de)	schwarzer Kaffee (m)	[ˈʃvaʁtsɐ ˈkafe]
koffie (de) met melk	Milchkaffee (m)	[ˈmɪlçˌkaˌfeː]
cappuccino (de)	Cappuccino (m)	[ˌkapuˈtʃiːno]
oploskoffie (de)	Pulverkaffee (m)	[ˈpʊlfɐˌkafe]

melk (de)	Milch (f)	[mɪlç]
cocktail (de)	Cocktail (m)	[ˈkɔktɛɪl]
milkshake (de)	Milchcocktail (m)	[ˈmɪlçˌkɔktɛɪl]

sap (het)	Saft (m)	[zaft]
tomatensap (het)	Tomatensaft (m)	[toˈmaːtənˌzaft]
sinaasappelsap (het)	Orangensaft (m)	[oˈʀaːŋʒənˌzaft]
vers geperst sap (het)	frisch gepresster Saft (m)	[fʀɪʃ ɡəˈpʀɛstə zaft]

bier (het)	Bier (n)	[biːɐ]
licht bier (het)	Helles (n)	[ˈhɛlɛs]
donker bier (het)	Dunkelbier (n)	[ˈdʊŋkəlˌbiːɐ]

thee (de)	Tee (m)	[teː]
zwarte thee (de)	schwarzer Tee (m)	[ˈʃvaʁtsɐ ˈteː]
groene thee (de)	grüner Tee (m)	[ˈɡʀyːnɐ teː]

37. Groenten

| groenten (mv.) | Gemüse (n) | [ɡəˈmyːzə] |
| verse kruiden (mv.) | grünes Gemüse (pl) | [ˈɡʀyːnəs ɡəˈmyːzə] |

tomaat (de)	Tomate (f)	[toˈmaːtə]
augurk (de)	Gurke (f)	[ˈɡʊʁkə]
wortel (de)	Karotte (f)	[kaˈʀɔtə]
aardappel (de)	Kartoffel (f)	[kaʁˈtɔfəl]
ui (de)	Zwiebel (f)	[ˈtsviːbəl]

knoflook (de)	Knoblauch (m)	['kno:p‚laʊx]
kool (de)	Kohl (m)	[ko:l]
bloemkool (de)	Blumenkohl (m)	['blu:mən‚ko:l]
spruitkool (de)	Rosenkohl (m)	['ʀo:zən‚ko:l]
broccoli (de)	Brokkoli (m)	['bʀɔkoli]
rode biet (de)	Rote Bete (f)	[‚ʀo:tə'be:tə]
aubergine (de)	Aubergine (f)	[‚obɛʀ'ʒi:nə]
courgette (de)	Zucchini (f)	[tsʊ'ki:ni]
pompoen (de)	Kürbis (m)	['kʏʀbɪs]
raap (de)	Rübe (f)	['ʀy:bə]
peterselie (de)	Petersilie (f)	[petɐ'zi:lɪə]
dille (de)	Dill (m)	[dɪl]
sla (de)	Kopf Salat (m)	[kɔpf za'la:t]
selderij (de)	Sellerie (m)	['zɛləʀi]
asperge (de)	Spargel (m)	['ʃpaʀgəl]
spinazie (de)	Spinat (m)	[ʃpi'na:t]
erwt (de)	Erbse (f)	['ɛʀpsə]
bonen (mv.)	Bohnen (pl)	['bo:nən]
maïs (de)	Mais (m)	['maɪs]
nierboon (de)	weiße Bohne (f)	['vaɪsə 'bo:nə]
peper (de)	Paprika (m)	['papʀika]
radijs (de)	Radieschen (n)	[ʀa'di:sçən]
artisjok (de)	Artischocke (f)	[aʀti'ʃɔkə]

38. Vruchten. Noten

vrucht (de)	Frucht (f)	[fʀʊxt]
appel (de)	Apfel (m)	['apfəl]
peer (de)	Birne (f)	['bɪʀnə]
citroen (de)	Zitrone (f)	[tsi'tʀo:nə]
sinaasappel (de)	Apfelsine (f)	[apfəl'zi:nə]
aardbei (de)	Erdbeere (f)	['e:ɐt‚be:ʀə]
mandarijn (de)	Mandarine (f)	[‚manda'ʀi:nə]
pruim (de)	Pflaume (f)	['pflaʊmə]
perzik (de)	Pfirsich (m)	['pfɪʀzɪç]
abrikoos (de)	Aprikose (f)	[‚apʀi'ko:zə]
framboos (de)	Himbeere (f)	['hɪm‚be:ʀə]
ananas (de)	Ananas (f)	['ananas]
banaan (de)	Banane (f)	[ba'na:nə]
watermeloen (de)	Wassermelone (f)	['vasɐme‚lo:nə]
druif (de)	Weintrauben (pl)	['vaɪn‚tʀaʊbən]
zure kers (de)	Sauerkirsche (f)	['zaʊɐ‚kɪʀʃə]
zoete kers (de)	Süßkirsche (f)	['zy:s‚kɪʀʃə]
meloen (de)	Melone (f)	[me'lo:nə]
grapefruit (de)	Grapefruit (f)	['gʀɛɪp‚fʀu:t]
avocado (de)	Avocado (f)	[avo'ka:do]
papaja (de)	Papaya (f)	[pa'pa:ja]

mango (de)	**Mango** (f)	['maŋgo]
granaatappel (de)	**Granatapfel** (m)	[gʀa'naːtˌʔapfəl]

rode bes (de)	**rote Johannisbeere** (f)	['ʀoːtə joːˈhanɪsbeːʀə]
zwarte bes (de)	**schwarze Johannisbeere** (f)	['ʃvaʁtsə joːˈhanɪsbeːʀə]
kruisbes (de)	**Stachelbeere** (f)	['ʃtaχəlˌbeːʀə]
blauwe bosbes (de)	**Heidelbeere** (f)	['haɪdəlˌbeːʀə]
braambes (de)	**Brombeere** (f)	['bʀɔmˌbeːʀə]

rozijn (de)	**Rosinen** (pl)	[ʀoˈziːnən]
vijg (de)	**Feige** (f)	['faɪɡə]
dadel (de)	**Dattel** (f)	['datəl]

pinda (de)	**Erdnuss** (f)	['eːɐtˌnʊs]
amandel (de)	**Mandel** (f)	['mandəl]
walnoot (de)	**Walnuss** (f)	['valˌnʊs]
hazelnoot (de)	**Haselnuss** (f)	['haːzəlˌnʊs]
kokosnoot (de)	**Kokosnuss** (f)	['koːkɔsˌnʊs]
pistaches (mv.)	**Pistazien** (pl)	[pɪsˈtaːtsɪən]

39. Brood. Snoep

suikerbakkerij (de)	**Konditorwaren** (pl)	[kɔnˈditoːɐˌvaːʀən]
brood (het)	**Brot** (n)	[bʀoːt]
koekje (het)	**Keks** (m, n)	[keːks]

chocolade (de)	**Schokolade** (f)	[ʃokoˈlaːdə]
chocolade- (abn)	**Schokoladen-**	[ʃokoˈlaːdən]
snoepje (het)	**Bonbon** (m, n)	[bɔŋˈbɔŋ]
cakeje (het)	**Kuchen** (m)	['kuːχən]
taart (bijv. verjaardags~)	**Torte** (f)	['tɔʁtə]

pastei (de)	**Kuchen** (m)	['kuːχən]
vulling (de)	**Füllung** (f)	['fʏlʊŋ]

confituur (de)	**Konfitüre** (f)	[ˌkɔnfiˈtyːʀə]
marmelade (de)	**Marmelade** (f)	[ˌmaʁməˈlaːdə]
wafel (de)	**Waffeln** (pl)	[vafəln]
ijsje (het)	**Eis** (n)	[aɪs]
pudding (de)	**Pudding** (m)	['pʊdɪŋ]

40. Bereide gerechten

gerecht (het)	**Gericht** (n)	[ɡəˈʀɪçt]
keuken (bijv. Franse ~)	**Küche** (f)	['kʏçə]
recept (het)	**Rezept** (n)	[ʀeˈtsɛpt]
portie (de)	**Portion** (f)	[pɔʁˈtsjoːn]

salade (de)	**Salat** (m)	[zaˈlaːt]
soep (de)	**Suppe** (f)	['zʊpə]
bouillon (de)	**Brühe** (f), **Bouillon** (f)	['bʀyːə], [bulˈjɔn]
boterham (de)	**belegtes Brot** (n)	[bəˈleːktəs bʀoːt]

spiegelei (het)	Spiegelei (n)	['ʃpiːɡəlˌʔaɪ]
hamburger (de)	Hamburger (m)	['hamˌbʊʁɡɐ]
biefstuk (de)	Beefsteak (n)	['biːfˌʃteːk]
garnering (de)	Beilage (f)	['baɪˌlaːɡə]
spaghetti (de)	Spaghetti (pl)	[ʃpa'ɡɛti]
aardappelpuree (de)	Kartoffelpüree (n)	[kaʁ'tɔfəlpyˌʁeː]
pizza (de)	Pizza (f)	['pɪtsa]
pap (de)	Brei (m)	[bʀaɪ]
omelet (de)	Omelett (n)	[ɔm'lɛt]
gekookt (in water)	gekocht	[ɡə'kɔχt]
gerookt (bn)	geräuchert	[ɡə'ʀɔɪçɐt]
gebakken (bn)	gebraten	[ɡə'bʀaːtən]
gedroogd (bn)	getrocknet	[ɡə'tʀɔknət]
diepvries (bn)	tiefgekühlt	['tiːfɡəˌkyːlt]
gemarineerd (bn)	mariniert	[maʀi'niːɐt]
zoet (bn)	süß	[zyːs]
gezouten (bn)	salzig	['zaltsɪç]
koud (bn)	kalt	[kalt]
heet (bn)	heiß	[haɪs]
bitter (bn)	bitter	['bɪtɐ]
lekker (bn)	lecker	['lɛkɐ]
koken (in kokend water)	kochen (vt)	['kɔχən]
bereiden (avondmaaltijd ~)	zubereiten (vt)	['tsuːbəˌʀaɪtən]
bakken (ww)	braten (vt)	['bʀaːtən]
opwarmen (ww)	aufwärmen (vt)	['aʊfˌvɛʁmən]
zouten (ww)	salzen (vt)	['zaltsən]
peperen (ww)	pfeffern (vt)	['pfɛfɐn]
raspen (ww)	reiben (vt)	['ʀaɪbən]
schil (de)	Schale (f)	['ʃaːlə]
schillen (ww)	schälen (vt)	['ʃɛːlən]

41. Kruiden

zout (het)	Salz (n)	[zalts]
gezouten (bn)	salzig	['zaltsɪç]
zouten (ww)	salzen (vt)	['zaltsən]
zwarte peper (de)	schwarzer Pfeffer (m)	['ʃvaʁtsɐ 'pfɛfɐ]
rode peper (de)	roter Pfeffer (m)	['ʀoːtɐ 'pfɛfɐ]
mosterd (de)	Senf (m)	[zɛnf]
mierikswortel (de)	Meerrettich (m)	['meːɐˌʀɛtɪç]
condiment (het)	Gewürz (n)	[ɡə'vYʁts]
specerij, kruiderij (de)	Gewürz (n)	[ɡə'vYʁts]
saus (de)	Soße (f)	['zoːsə]
azijn (de)	Essig (m)	['ɛsɪç]
anijs (de)	Anis (m)	[a'niːs]
basilicum (de)	Basilikum (n)	[ba'ziːlikʊm]

kruidnagel (de)	Nelke (f)	['nɛlkə]
gember (de)	Ingwer (m)	['ɪŋvɐ]
koriander (de)	Koriander (m)	[ko'ʀɪandɐ]
kaneel (de/het)	Zimt (m)	[tsɪmt]
sesamzaad (het)	Sesam (m)	['ze:zam]
laurierblad (het)	Lorbeerblatt (n)	['lɔʁbe:ɐˌblat]
paprika (de)	Paprika (m)	['papʁika]
komijn (de)	Kümmel (m)	['kʏməl]
saffraan (de)	Safran (m)	['zafʀan]

42. Maaltijden

eten (het)	Essen (n)	['ɛsən]
eten (ww)	essen (vi, vt)	['ɛsən]
ontbijt (het)	Frühstück (n)	['fʀy:ʃtʏk]
ontbijten (ww)	frühstücken (vi)	['fʀy:ʃtʏkən]
lunch (de)	Mittagessen (n)	['mɪta:kˌʔɛsən]
lunchen (ww)	zu Mittag essen	[tsu 'mɪta:k 'ɛsən]
avondeten (het)	Abendessen (n)	['a:bəntˌʔɛsən]
souperen (ww)	zu Abend essen	[tsu 'a:bənt 'ɛsən]
eetlust (de)	Appetit (m)	[ape'ti:t]
Eet smakelijk!	Guten Appetit!	[ˌgutən ˌʔape'ti:t]
openen (een fles ~)	öffnen (vt)	['œfnən]
morsen (koffie, enz.)	verschütten (vt)	[fɛɐ'ʃʏtən]
zijn gemorst	verschüttet werden	[fɛɐ'ʃʏtət 've:ɐdən]
koken (water kookt bij 100°C)	kochen (vi)	['kɔχən]
koken (Hoe om water te ~)	kochen (vt)	['kɔχən]
gekookt (~ water)	gekocht	[gə'kɔχt]
afkoelen (koeler maken)	kühlen (vt)	['ky:lən]
afkoelen (koeler worden)	abkühlen (vi)	['apˌky:lən]
smaak (de)	Geschmack (m)	[gə'ʃmak]
nasmaak (de)	Beigeschmack (m)	['baɪgəˌʃmak]
volgen een dieet	auf Diät sein	[aʊf di'ɛ:t zaɪn]
dieet (het)	Diät (f)	[di'ɛ:t]
vitamine (de)	Vitamin (n)	[vita'mi:n]
calorie (de)	Kalorie (f)	[kalo'ʀi:]
vegetariër (de)	Vegetarier (m)	[vege'ta:ʀɪɐ]
vegetarisch (bn)	vegetarisch	[vege'ta:ʀɪʃ]
vetten (mv.)	Fett (n)	[fɛt]
eiwitten (mv.)	Protein (n)	[pʀote'i:n]
koolhydraten (mv.)	Kohlenhydrat (n)	['ko:lənhyˌdʀa:t]
snede (de)	Scheibchen (n)	['ʃaɪpçən]
stuk (bijv. een ~ taart)	Stück (n)	[ʃtʏk]
kruimel (de)	Krümel (m)	['kʀy:məl]

43. Tafelschikking

lepel (de)	Löffel (m)	['lœfəl]
mes (het)	Messer (n)	['mɛsɐ]
vork (de)	Gabel (f)	[ga:bəl]
kopje (het)	Tasse (f)	['tasə]
bord (het)	Teller (m)	['tɛlɐ]
schoteltje (het)	Untertasse (f)	['ʊntɐˌtasə]
servet (het)	Serviette (f)	[zɛʁ'vɪɛtə]
tandenstoker (de)	Zahnstocher (m)	['tsa:nˌʃtɔxɐ]

44. Restaurant

restaurant (het)	Restaurant (n)	[ʀɛsto'ʀaŋ]
koffiehuis (het)	Kaffeehaus (n)	[ka'fe:ˌhaʊs]
bar (de)	Bar (f)	[ba:ɐ]
tearoom (de)	Teesalon (m)	['te:·za'lɔŋ]
kelner, ober (de)	Kellner (m)	['kɛlnɐ]
serveerster (de)	Kellnerin (f)	['kɛlnəʀɪn]
barman (de)	Barmixer (m)	['ba:ɐˌmɪksɐ]
menu (het)	Speisekarte (f)	['ʃpaɪzəˌkaʁtə]
wijnkaart (de)	Weinkarte (f)	['vaɪnˌkaʁtə]
een tafel reserveren	einen Tisch reservieren	['aɪnən tɪʃ ʀezɛʁ'vi:ʀən]
gerecht (het)	Gericht (n)	[gə'ʀɪçt]
bestellen (eten ~)	bestellen (vt)	[bə'ʃtɛlən]
een bestelling maken	eine Bestellung aufgeben	['aɪnə bə'ʃtɛlʊŋ 'aʊfˌge:bən]
aperitief (de/het)	Aperitif (m)	[apeʀi'ti:f]
voorgerecht (het)	Vorspeise (f)	['fo:ɐˌʃpaɪzə]
dessert (het)	Nachtisch (m)	['na:xˌtɪʃ]
rekening (de)	Rechnung (f)	['ʀɛçnʊŋ]
de rekening betalen	Rechnung bezahlen	['ʀɛçnʊŋ bə'tsa:lən]
wisselgeld teruggeven	das Wechselgeld geben	[das 'vɛksəlˌgɛlt 'ge:bən]
fooi (de)	Trinkgeld (n)	['tʀɪŋkˌgɛlt]

Familie, verwanten en vrienden

45. Persoonlijke informatie. Formulieren

naam (de)	Vorname (m)	['foːɐˌnaːmə]
achternaam (de)	Name (m)	['naːmə]
geboortedatum (de)	Geburtsdatum (n)	[gə'buːɐtsˌdaːtʊm]
geboorteplaats (de)	Geburtsort (m)	[gə'buːɐtsˌʔɔʁt]
nationaliteit (de)	Nationalität (f)	[natsjɔnaliˈtɛːt]
woonplaats (de)	Wohnort (m)	['voːnˌʔɔʁt]
land (het)	Land (n)	[lant]
beroep (het)	Beruf (m)	[bəˈʁuːf]
geslacht (ov. het vrouwelijk ~)	Geschlecht (n)	[gəˈʃlɛçt]
lengte (de)	Größe (f)	['gʁøːsə]
gewicht (het)	Gewicht (n)	[gəˈvɪçt]

46. Familieleden. Verwanten

moeder (de)	Mutter (f)	['mʊtɐ]
vader (de)	Vater (m)	['faːtɐ]
zoon (de)	Sohn (m)	[zoːn]
dochter (de)	Tochter (f)	['tɔχtɐ]
jongste dochter (de)	jüngste Tochter (f)	['jʏŋstə 'tɔχtɐ]
jongste zoon (de)	jüngste Sohn (m)	['jʏŋstə 'zoːn]
oudste dochter (de)	ältere Tochter (f)	['ɛltəʁə 'tɔχtɐ]
oudste zoon (de)	älterer Sohn (m)	['ɛltəʁɐ 'zoːn]
broer (de)	Bruder (m)	['bʁuːdɐ]
zuster (de)	Schwester (f)	['ʃvɛstɐ]
neef (zoon van oom, tante)	Cousin (m)	[kuˈzɛŋ]
nicht (dochter van oom, tante)	Cousine (f)	[kuˈziːnə]
mama (de)	Mama (f)	['mama]
papa (de)	Papa (m)	['papa]
ouders (mv.)	Eltern (pl)	['ɛltɐn]
kind (het)	Kind (n)	[kɪnt]
kinderen (mv.)	Kinder (pl)	['kɪndɐ]
oma (de)	Großmutter (f)	['gʁoːsˌmʊtɐ]
opa (de)	Großvater (m)	['gʁoːsˌfaːtɐ]
kleinzoon (de)	Enkel (m)	['ɛŋkəl]
kleindochter (de)	Enkelin (f)	['ɛŋkəlɪn]
kleinkinderen (mv.)	Enkelkinder (pl)	['ɛŋkəlˌkɪndɐ]

oom (de)	Onkel (m)	['ɔŋkəl]
tante (de)	Tante (f)	['tantə]
neef (zoon van broer, zus)	Neffe (m)	['nɛfə]
nicht (dochter van broer, zus)	Nichte (f)	['nɪçtə]
schoonmoeder (de)	Schwiegermutter (f)	['ʃviːgəˌmʊtə]
schoonvader (de)	Schwiegervater (m)	['ʃviːgəˌfaːtə]
schoonzoon (de)	Schwiegersohn (m)	['ʃviːgəˌzoːn]
stiefmoeder (de)	Stiefmutter (f)	['ʃtiːfˌmʊtə]
stiefvader (de)	Stiefvater (m)	['ʃtiːfˌfaːtə]
zuigeling (de)	Säugling (m)	['zɔɪklɪŋ]
wiegenkind (het)	Kleinkind (n)	['klaɪnˌkɪnt]
kleuter (de)	Kleine (m)	['klaɪnə]
vrouw (de)	Frau (f)	[fʀaʊ]
man (de)	Mann (m)	[man]
echtgenoot (de)	Ehemann (m)	['eːəˌman]
echtgenote (de)	Gemahlin (f)	[gə'maːlɪn]
gehuwd (mann.)	verheiratet	[fɛɛ'haɪʀaːtət]
gehuwd (vrouw.)	verheiratet	[fɛɛ'haɪʀaːtət]
ongehuwd (mann.)	ledig	['leːdɪç]
vrijgezel (de)	Junggeselle (m)	['jʊŋgəˌzɛlə]
gescheiden (bn)	geschieden	[gə'ʃiːdən]
weduwe (de)	Witwe (f)	['vɪtvə]
weduwnaar (de)	Witwer (m)	['vɪtvə]
familielid (het)	Verwandte (m)	[fɛɛ'vantə]
dichte familielid (het)	naher Verwandter (m)	['naːɐ fɛɛ'vantə]
verre familielid (het)	entfernter Verwandter (m)	[ɛnt'fɛʀntə fɛɛ'vantə]
familieleden (mv.)	Verwandte (pl)	[fɛɛ'vantə]
wees (de), weeskind (het)	Waise (m, f)	['vaɪzə]
voogd (de)	Vormund (m)	['foːɐˌmʊnt]
adopteren (een jongen te ~)	adoptieren (vt)	[adɔp'tiːʀən]
adopteren (een meisje te ~)	adoptieren (vt)	[adɔp'tiːʀən]

Geneeskunde

47. Ziekten

ziekte (de)	Krankheit (f)	['kʀaŋkhaɪt]
ziek zijn (ww)	krank sein	[kʀaŋk zaɪn]
gezondheid (de)	Gesundheit (f)	[gə'zʊnthaɪt]
snotneus (de)	Schnupfen (m)	['ʃnʊpfən]
angina (de)	Angina (f)	[aŋ'gi:na]
verkoudheid (de)	Erkältung (f)	[ɛɐ'kɛltʊŋ]
verkouden raken (ww)	sich erkälten	[zɪç ɛɐ'kɛltən]
bronchitis (de)	Bronchitis (f)	[bʀɔn'çi:tɪs]
longontsteking (de)	Lungenentzündung (f)	['lʊŋənʔɛntˌtsʏndʊŋ]
griep (de)	Grippe (f)	['gʀɪpə]
bijziend (bn)	kurzsichtig	['kʊʀtsˌzɪçtɪç]
verziend (bn)	weitsichtig	['vaɪtˌzɪçtɪç]
scheelheid (de)	Schielen (n)	['ʃi:lən]
scheel (bn)	schielend	['ʃi:lənt]
grauwe staar (de)	grauer Star (m)	['gʀaʊɐ ʃta:ɐ]
glaucoom (het)	Glaukom (n)	[glaʊ'ko:m]
beroerte (de)	Schlaganfall (m)	['ʃla:kʔanˌfal]
hartinfarct (het)	Infarkt (m)	[ɪn'faʀkt]
myocardiaal infarct (het)	Herzinfarkt (m)	['hɛʀtsʔɪnˌfaʀkt]
verlamming (de)	Lähmung (f)	['lɛ:mʊŋ]
verlammen (ww)	lähmen (vt)	['lɛ:mən]
allergie (de)	Allergie (f)	[ˌalɛʀ'gi:]
astma (de/het)	Asthma (n)	['astma]
diabetes (de)	Diabetes (m)	[dia'be:tɛs]
tandpijn (de)	Zahnschmerz (m)	['tsa:nˌʃmɛʀts]
tandbederf (het)	Karies (f)	['ka:ʀiɛs]
diarree (de)	Durchfall (m)	['dʊʀçˌfal]
constipatie (de)	Verstopfung (f)	[fɛɐ'ʃtɔpfʊŋ]
maagstoornis (de)	Magenverstimmung (f)	['ma:gən·fɛɐˌʃtɪmʊŋ]
voedselvergiftiging (de)	Vergiftung (f)	[fɛɐ'gɪftʊŋ]
voedselvergiftiging oplopen	Vergiftung bekommen	[fɛɐ'gɪftʊŋ bə'kɔmən]
artritis (de)	Arthritis (f)	[aʀ'tʀi:tɪs]
rachitis (de)	Rachitis (f)	[ʀa'χi:tɪs]
reuma (het)	Rheumatismus (m)	[ʀɔɪma'tɪsmʊs]
arteriosclerose (de)	Atherosklerose (f)	[atɛʀɔskle'ʀo:zə]
gastritis (de)	Gastritis (f)	[gas'tʀi:tɪs]
blindedarmontsteking (de)	Blinddarmentzündung (f)	['blɪntdaʀmʔɛntˌtsʏndʊŋ]

galblaasontsteking (de) | Cholezystitis (f) | [çoletsʏs'tiːtɪs]
zweer (de) | Geschwür (n) | [gə'ʃvyːɐ]

mazelen (mv.) | Masern (pl) | ['maːzɐn]
rodehond (de) | Röteln (pl) | ['ʀøːtəln]
geelzucht (de) | Gelbsucht (f) | ['gɛlpˌzʊχt]
leverontsteking (de) | Hepatitis (f) | [ˌhepa'tiːtɪs]

schizofrenie (de) | Schizophrenie (f) | [ʃitsofʀe'niː]
dolheid (de) | Tollwut (f) | ['tɔlˌvuːt]
neurose (de) | Neurose (f) | [nɔɪ'ʀoːzə]
hersenschudding (de) | Gehirnerschütterung (f) | [gə'hɪʀn?ɛɐʃʏtɐʀʊŋ]

kanker (de) | Krebs (m) | [kʀeːps]
sclerose (de) | Sklerose (f) | [skle'ʀoːzə]
multiple sclerose (de) | multiple Sklerose (f) | [mʊl'tiːplə skle'ʀoːzə]

alcoholisme (het) | Alkoholismus (m) | [ˌalkoho'lɪsmʊs]
alcoholicus (de) | Alkoholiker (m) | [alko'hoːlikɐ]
syfilis (de) | Syphilis (f) | ['zyːfilɪs]
AIDS (de) | AIDS | ['eɪts]

tumor (de) | Tumor (m) | ['tuːmoːɐ]
kwaadaardig (bn) | bösartig | ['bøːsˌ?aːɐtɪç]
goedaardig (bn) | gutartig | ['guːtˌ?aːɐtɪç]
koorts (de) | Fieber (n) | ['fiːbɐ]
malaria (de) | Malaria (f) | [ma'laːʀɪa]
gangreen (het) | Gangrän (f, n) | [gaŋ'gʀɛːn]
zeeziekte (de) | Seekrankheit (f) | ['zeːˌkʀaŋkhaɪt]
epilepsie (de) | Epilepsie (f) | [epilɛ'psiː]

epidemie (de) | Epidemie (f) | [epide'miː]
tyfus (de) | Typhus (m) | ['tyːfʊs]
tuberculose (de) | Tuberkulose (f) | [tubɛʀku'loːzə]
cholera (de) | Cholera (f) | ['koːleʀa]
pest (de) | Pest (f) | [pɛst]

48. Symptomen. Behandelingen. Deel 1

symptoom (het) | Symptom (n) | [zʏmp'toːm]
temperatuur (de) | Temperatur (f) | [tɛmpəʀa'tuːɐ]
verhoogde temperatuur (de) | Fieber (n) | ['fiːbɐ]
polsslag (de) | Puls (m) | [pʊls]

duizeling (de) | Schwindel (m) | ['ʃvɪndəl]
heet (erg warm) | heiß | [haɪs]
koude rillingen (mv.) | Schüttelfrost (m) | ['ʃʏtəlˌfʀɔst]
bleek (bn) | blass | [blas]

hoest (de) | Husten (m) | ['huːstən]
hoesten (ww) | husten (vi) | ['huːstən]
niezen (ww) | niesen (vi) | ['niːzən]
flauwte (de) | Ohnmacht (f) | ['oːnˌmaχt]
flauwvallen (ww) | ohnmächtig werden | ['oːnˌmɛçtɪç 'veːɐdən]

blauwe plek (de)	blauer Fleck (m)	['blaʊɐ flɛk]
buil (de)	Beule (f)	['bɔɪlə]
zich stoten (ww)	sich stoßen	[zɪç 'ʃtoːsən]
kneuzing (de)	Prellung (f)	['pʀɛlʊŋ]
kneuzen (gekneusd zijn)	sich stoßen	[zɪç 'ʃtoːsən]

hinken (ww)	hinken (vi)	['hɪŋkən]
verstuiking (de)	Verrenkung (f)	[fɛɐ'ʀɛnkuŋ]
verstuiken (enkel, enz.)	ausrenken (vt)	['aʊsˌʀɛŋkən]
breuk (de)	Fraktur (f)	[fʀak'tuːɐ]
een breuk oplopen	brechen (vt)	['bʀɛçən]

snijwond (de)	Schnittwunde (f)	['ʃnɪtˌvʊndə]
zich snijden (ww)	sich schneiden	[zɪç 'ʃnaɪdən]
bloeding (de)	Blutung (f)	['bluːtʊŋ]

| brandwond (de) | Verbrennung (f) | [fɛɐ'bʀɛnʊŋ] |
| zich branden (ww) | sich verbrennen | [zɪç fɛɐ'bʀɛnən] |

prikken (ww)	stechen (vt)	['ʃtɛçən]
zich prikken (ww)	sich stechen	[zɪç 'ʃtɛçən]
blesseren (ww)	verletzen (vt)	[fɛɐ'lɛtsən]
blessure (letsel)	Verletzung (f)	[fɛɐ'lɛtsʊŋ]
wond (de)	Wunde (f)	['vʊndə]
trauma (het)	Trauma (n)	['tʀaʊma]

ijlen (ww)	irrereden (vi)	['ɪʀəˌʀeːdən]
stotteren (ww)	stottern (vi)	['ʃtɔten]
zonnesteek (de)	Sonnenstich (m)	['zɔnənˌʃtɪç]

49. Symptomen. Behandelingen. Deel 2

| pijn (de) | Schmerz (m) | [ʃmɛʁts] |
| splinter (de) | Splitter (m) | ['ʃplɪtɐ] |

zweet (het)	Schweiß (m)	[ʃvaɪs]
zweten (ww)	schwitzen (vi)	['ʃvɪtsən]
braking (de)	Erbrechen (n)	[ɛɐ'bʀɛçən]
stuiptrekkingen (mv.)	Krämpfe (pl)	['kʀɛmpfə]

zwanger (bn)	schwanger	['ʃvaŋɐ]
geboren worden (ww)	geboren sein	[gə'boːʀən zaɪn]
geboorte (de)	Geburt (f)	[gə'buːɐt]
baren (ww)	gebären (vt)	[gə'bɛːʀən]
abortus (de)	Abtreibung (f)	['apˌtʀaɪbʊŋ]

ademhaling (de)	Atem (m)	['aːtəm]
inademing (de)	Atemzug (m)	['aːtəmˌtsuːk]
uitademing (de)	Ausatmung (f)	['aʊsʔaːtmʊŋ]
uitademen (ww)	ausatmen (vt)	['aʊsˌʔaːtmən]
inademen (ww)	einatmen (vt)	['aɪnˌʔaːtmən]

| invalide (de) | Invalide (m) | [ɪnva'liːdə] |
| gehandicapte (de) | Krüppel (m) | ['kʀʏpəl] |

drugsverslaafde (de)	Drogenabhängiger (m)	['dʀo:gən‚ʔaphɛŋɪgɐ]
doof (bn)	taub	[taʊp]
stom (bn)	stumm	[ʃtʊm]
doofstom (bn)	taubstumm	['taʊp‚ʃtʊm]
krankzinnig (bn)	verrückt	[fɛɐ'ʀʏkt]
krankzinnige (man)	Irre (m)	['ɪʀə]
krankzinnige (vrouw)	Irre (f)	['ɪʀə]
krankzinnig worden	den Verstand verlieren	[den fɛɐ'ʃtant fɛɐ'li:ʀən]
gen (het)	Gen (n)	[ge:n]
immuniteit (de)	Immunität (f)	[ɪmuni'tɛ:t]
erfelijk (bn)	erblich	['ɛʀplɪç]
aangeboren (bn)	angeboren	['angə‚bo:ʀən]
virus (het)	Virus (m, n)	['vi:ʀʊs]
microbe (de)	Mikrobe (f)	[mi'kʀo:bə]
bacterie (de)	Bakterie (f)	[bak'te:ʀɪə]
infectie (de)	Infektion (f)	[ɪnfɛk'tsjo:n]

50. Symptomen. Behandelingen. Deel 3

ziekenhuis (het)	Krankenhaus (n)	['kʀaŋkən‚haʊs]
patiënt (de)	Patient (m)	[pa'tsɪɛnt]
diagnose (de)	Diagnose (f)	[dia'gno:zə]
genezing (de)	Heilung (f)	['haɪlʊŋ]
medische behandeling (de)	Behandlung (f)	[bə'handlʊŋ]
onder behandeling zijn	Behandlung bekommen	[bə'handlʊŋ bə'kɔmən]
behandelen (ww)	behandeln (vt)	[bə'handəln]
zorgen (zieken ~)	pflegen (vt)	['pfle:gən]
ziekenzorg (de)	Pflege (f)	['pfle:gə]
operatie (de)	Operation (f)	[opəʀa'tsjo:n]
verbinden (een arm ~)	verbinden (vt)	[fɛɐ'bɪndən]
verband (het)	Verband (m)	[fɛɐ'bant]
vaccin (het)	Impfung (f)	['ɪmpfʊŋ]
inenten (vaccineren)	impfen (vt)	['ɪmpfən]
injectie (de)	Spritze (f)	['ʃpʀɪtsə]
een injectie geven	eine Spritze geben	['aɪnə 'ʃpʀɪtsə 'ge:bən]
aanval (de)	Anfall (m)	['an‚fal]
amputatie (de)	Amputation (f)	[amputa'tsjo:n]
amputeren (ww)	amputieren (vt)	[ampu'ti:ʀən]
coma (het)	Koma (n)	['ko:ma]
in coma liggen	im Koma liegen	[ɪm 'ko:ma 'li:gən]
intensieve zorg, ICU (de)	Reanimation (f)	[ʀe?anima'tsjo:n]
zich herstellen (ww)	genesen von …	[gə'ne:zən fɔn]
toestand (de)	Zustand (m)	['tsu:‚ʃtant]
bewustzijn (het)	Bewusstsein (n)	[bə'vʊstzaɪn]
geheugen (het)	Gedächtnis (n)	[gə'dɛçtnɪs]
trekken (een kies ~)	ziehen (vt)	['tsi:ən]

| vulling (de) | Plombe (f) | ['plɔmbə] |
| vullen (ww) | plombieren (vt) | [plɔm'biːʀən] |

| hypnose (de) | Hypnose (f) | [hʏp'noːzə] |
| hypnotiseren (ww) | hypnotisieren (vt) | [hʏpnoti'ziːʀən] |

51. Artsen

dokter, arts (de)	Arzt (m)	[aʁtst]
ziekenzuster (de)	Krankenschwester (f)	[kʀaŋkənˌʃvɛstɐ]
lijfarts (de)	Privatarzt (m)	[pʀi'vaːtˌʔaʁtst]

tandarts (de)	Zahnarzt (m)	['tsaːnˌʔaʁtst]
oogarts (de)	Augenarzt (m)	['aʊɡənˌʔaʁtst]
therapeut (de)	Internist (m)	[ɪntɐ'nɪst]
chirurg (de)	Chirurg (m)	[çi'ʀʊʁk]

psychiater (de)	Psychiater (m)	[psy'çɪaːtɐ]
pediater (de)	Kinderarzt (m)	['kɪndɐˌʔaʁtst]
psycholoog (de)	Psychologe (m)	[psyço'loːɡə]
gynaecoloog (de)	Frauenarzt (m)	['fʀaʊənˌʔaʁtst]
cardioloog (de)	Kardiologe (m)	[kaʁdɪo'loːɡə]

52. Geneeskunde. Medicijnen. Accessoires

geneesmiddel (het)	Arznei (f)	[aʁts'naɪ]
middel (het)	Heilmittel (n)	['haɪlˌmɪtəl]
voorschrijven (ww)	verschreiben (vt)	[fɛɐ̯'ʃʀaɪbən]
recept (het)	Rezept (n)	[ʀe'tsɛpt]

tablet (de/het)	Tablette (f)	[tab'letə]
zalf (de)	Salbe (f)	['zalbə]
ampul (de)	Ampulle (f)	[am'pʊlə]
drank (de)	Mixtur (f)	[mɪks'tuːɐ̯]
siroop (de)	Sirup (m)	['ziːʀʊp]
pil (de)	Pille (f)	['pɪlə]
poeder (de/het)	Pulver (n)	['pʊlfɐ]

verband (het)	Verband (m)	[fɛɐ̯'bant]
watten (mv.)	Watte (f)	['vatə]
jodium (het)	Jod (n)	[joːt]

pleister (de)	Pflaster (n)	['pflastɐ]
pipet (de)	Pipette (f)	[pi'pɛtə]
thermometer (de)	Thermometer (n)	[tɛʁmo'meːtɐ]
spuit (de)	Spritze (f)	['ʃpʀɪtsə]

| rolstoel (de) | Rollstuhl (m) | ['ʀɔlʃtuːl] |
| krukken (mv.) | Krücken (pl) | ['kʀʏkən] |

| pijnstiller (de) | Betäubungsmittel (n) | [bə'tɔɪbʊŋsˌmɪtəl] |
| laxeermiddel (het) | Abführmittel (n) | ['apfyːɐ̯ˌmɪtəl] |

spiritus (de)	**Spiritus** (m)	[ˈspiːʀitʊs]
medicinale kruiden (mv.)	**Heilkraut** (n)	[ˈhaɪlˌkʀaʊt]
kruiden- (abn)	**Kräuter-**	[ˈkʀɔɪtɐ]

HET MENSELIJKE LEEFGEBIED

Stad

53. Stad. Het leven in de stad

stad (de)	**Stadt** (f)	[ʃtat]
hoofdstad (de)	**Hauptstadt** (f)	[ˈhaʊptˌʃtat]
dorp (het)	**Dorf** (n)	[dɔʁf]
plattegrond (de)	**Stadtplan** (m)	[ˈʃtatˌplaːn]
centrum (ov. een stad)	**Stadtzentrum** (n)	[ˈʃtatˌtsɛntʁʊm]
voorstad (de)	**Vorort** (m)	[ˈfoːɐˌʔɔʁt]
voorstads- (abn)	**Vorort-**	[ˈfoːɐˌʔɔʁt]
randgemeente (de)	**Stadtrand** (m)	[ˈʃtatˌʁant]
omgeving (de)	**Umgebung** (f)	[ʊmˈgeːbʊŋ]
blok (huizenblok)	**Stadtviertel** (n)	[ˈʃtatˌfɪʁtəl]
woonwijk (de)	**Wohnblock** (m)	[ˈvoːnˌblɔk]
verkeer (het)	**Straßenverkehr** (m)	[ˈʃtʁaːsənˌfɛɐˌkeːɐ]
verkeerslicht (het)	**Ampel** (f)	[ˈampəl]
openbaar vervoer (het)	**Stadtverkehr** (m)	[ˈʃtatˌfɛɐˈkeːɐ]
kruispunt (het)	**Straßenkreuzung** (f)	[ˈʃtʁaːsənˌkʁɔɪtsʊŋ]
zebrapad (oversteekplaats)	**Übergang** (m)	[ˈyːbɐˌgaŋ]
onderdoorgang (de)	**Fußgängerunterführung** (f)	[ˈfuːsˌgɛŋɐ·ʊntɐˈfyːʁʊŋ]
oversteken (de straat ~)	**überqueren** (vt)	[yːbɐˈkveːʁən]
voetganger (de)	**Fußgänger** (m)	[ˈfuːsˌgɛŋɐ]
trottoir (het)	**Gehweg** (m)	[ˈgeːˌveːk]
brug (de)	**Brücke** (f)	[ˈbʁʏkə]
dijk (de)	**Kai** (m)	[kaɪ]
fontein (de)	**Springbrunnen** (m)	[ˈʃpʁɪŋˌbʁʊnən]
allee (de)	**Allee** (f)	[aˈleː]
park (het)	**Park** (m)	[paʁk]
boulevard (de)	**Boulevard** (m)	[buləˈvaːɐ]
plein (het)	**Platz** (m)	[plats]
laan (de)	**Avenue** (f)	[avəˈnyː]
straat (de)	**Straße** (f)	[ˈʃtʁaːsə]
zijstraat (de)	**Gasse** (f)	[ˈgasə]
doodlopende straat (de)	**Sackgasse** (f)	[ˈzakˌgasə]
huis (het)	**Haus** (n)	[haʊs]
gebouw (het)	**Gebäude** (n)	[gəˈbɔɪdə]
wolkenkrabber (de)	**Wolkenkratzer** (m)	[ˈvɔlkənˌkʁatsɐ]
gevel (de)	**Fassade** (f)	[faˈsaːdə]
dak (het)	**Dach** (n)	[dax]

T&P Books. Thematische woordenschat Nederlands-Duits - 5000 woorden

venster (het)	Fenster (n)	['fɛnstə]
boog (de)	Bogen (m)	['boːgən]
pilaar (de)	Säule (f)	['zɔɪlə]
hoek (ov. een gebouw)	Ecke (f)	['ɛkə]
vitrine (de)	Schaufenster (n)	['ʃaʊˌfɛnstə]
gevelreclame (de)	Firmenschild (n)	['fɪʁmənˌʃɪlt]
affiche (de/het)	Anschlag (m)	['anˌʃlaːk]
reclameposter (de)	Werbeposter (m)	['vɛʁbəˌpoːstə]
aanplakbord (het)	Werbeschild (n)	['vɛʁbəˌʃɪlt]
vuilnis (de/het)	Müll (m)	[mʏl]
vuilnisbak (de)	Mülleimer (m)	['mʏlˌʔaɪmɐ]
afval weggooien (ww)	Abfall wegwerfen	['apfal 'vɛkˌvɛʁfən]
stortplaats (de)	Mülldeponie (f)	['mʏl·depoˌniː]
telefooncel (de)	Telefonzelle (f)	[teleˈfoːnˌtsɛlə]
straatlicht (het)	Straßenlaterne (f)	['ʃtʁaːsənˌlaˌtɛʁnə]
bank (de)	Bank (f)	[baŋk]
politieagent (de)	Polizist (m)	[poliˈtsɪst]
politie (de)	Polizei (f)	[ˌpoliˈtsaɪ]
zwerver (de)	Bettler (m)	['bɛtlɐ]
dakloze (de)	Obdachlose (m)	['ɔpdaχˌloːzə]

54. Stedelijke instellingen

winkel (de)	Laden (m)	['laːdən]
apotheek (de)	Apotheke (f)	[apoˈteːkə]
optiek (de)	Optik (f)	['ɔptɪk]
winkelcentrum (het)	Einkaufszentrum (n)	['aɪnkaʊfsˌtsɛntʁʊm]
supermarkt (de)	Supermarkt (m)	['zuːpɐˌmaʁkt]
bakkerij (de)	Bäckerei (f)	[ˌbɛkəˈʁaɪ]
bakker (de)	Bäcker (m)	['bɛkɐ]
banketbakkerij (de)	Konditorei (f)	[ˌkɔndɪtoˈʁaɪ]
kruidenier (de)	Lebensmittelladen (m)	['leːbənsˌmɪtəlˌlaːdən]
slagerij (de)	Metzgerei (f)	[mɛtsgəˈʁaɪ]
groentewinkel (de)	Gemüseladen (m)	[gəˈmyːzəˌlaːdən]
markt (de)	Markt (m)	[maʁkt]
koffiehuis (het)	Kaffeehaus (n)	[kaˈfeːˌhaʊs]
restaurant (het)	Restaurant (n)	[ʁɛstoˈʁaŋ]
bar (de)	Bierstube (f)	['biːɐˌʃtuːbə]
pizzeria (de)	Pizzeria (f)	[pɪtseˈʁiːa]
kapperssalon (de/het)	Friseursalon (m)	[fʁiˈzøːɐ·zaˌlɔŋ]
postkantoor (het)	Post (f)	[pɔst]
stomerij (de)	chemische Reinigung (f)	[çeːmɪʃə ˈʁaɪnɪgʊŋ]
fotostudio (de)	Fotostudio (n)	['fotoˌʃtuˌdɪo]
schoenwinkel (de)	Schuhgeschäft (n)	['ʃuːgəˌʃɛft]
boekhandel (de)	Buchhandlung (f)	['buːχˌhandlʊŋ]

55

sportwinkel (de)	**Sportgeschäft** (n)	[ˈʃpɔʁt·ɡəˈʃɛft]
kledingreparatie (de)	**Kleiderreparatur** (f)	[ˈklaɪdɐˌʁepaʁaˈtuːɐ]
kledingverhuur (de)	**Bekleidungsverleih** (m)	[bəˈklaɪdʊŋs·fɛɐˈlaɪ]
videotheek (de)	**Videothek** (f)	[videoˈteːk]
circus (de/het)	**Zirkus** (m)	[ˈtsɪʁkʊs]
dierentuin (de)	**Zoo** (m)	[ˈtsoː]
bioscoop (de)	**Kino** (n)	[ˈkiːno]
museum (het)	**Museum** (n)	[muˈzeːʊm]
bibliotheek (de)	**Bibliothek** (f)	[biblioˈteːk]
theater (het)	**Theater** (n)	[teˈaːtɐ]
opera (de)	**Opernhaus** (n)	[ˈoːpɐnˌhaʊs]
nachtclub (de)	**Nachtklub** (m)	[ˈnaxtˌklʊp]
casino (het)	**Kasino** (n)	[kaˈziːno]
moskee (de)	**Moschee** (f)	[mɔˈʃeː]
synagoge (de)	**Synagoge** (f)	[zynaˈɡoːɡə]
kathedraal (de)	**Kathedrale** (f)	[kateˈdʀaːlə]
tempel (de)	**Tempel** (m)	[ˈtɛmpəl]
kerk (de)	**Kirche** (f)	[ˈkɪʁçə]
instituut (het)	**Institut** (n)	[ɪnstiˈtuːt]
universiteit (de)	**Universität** (f)	[univɛʁziˈtɛːt]
school (de)	**Schule** (f)	[ˈʃuːlə]
gemeentehuis (het)	**Präfektur** (f)	[pʀɛfɛkˈtuːɐ]
stadhuis (het)	**Rathaus** (n)	[ˈʀaːtˌhaʊs]
hotel (het)	**Hotel** (n)	[hoˈtɛl]
bank (de)	**Bank** (f)	[baŋk]
ambassade (de)	**Botschaft** (f)	[ˈboːtʃaft]
reisbureau (het)	**Reisebüro** (n)	[ˈʀaɪzə·byˌʀoː]
informatieloket (het)	**Informationsbüro** (n)	[ɪnfɔʁmaˈtsjoːns·byˌʀoː]
wisselkantoor (het)	**Wechselstube** (f)	[ˈvɛksəlˌʃtuːbə]
metro (de)	**U-Bahn** (f)	[ˈuːbaːn]
ziekenhuis (het)	**Krankenhaus** (n)	[ˈkʀaŋkənˌhaʊs]
benzinestation (het)	**Tankstelle** (f)	[ˈtaŋkʃtɛlə]
parking (de)	**Parkplatz** (m)	[ˈpaʁkˌplats]

55. Borden

gevelreclame (de)	**Firmenschild** (n)	[ˈfɪʁmənˌʃɪlt]
opschrift (het)	**Aufschrift** (f)	[ˈaʊfʃʀɪft]
poster (de)	**Plakat** (n)	[plaˈkaːt]
wegwijzer (de)	**Wegweiser** (m)	[ˈvɛkˌvaɪzɐ]
pijl (de)	**Pfeil** (m)	[pfaɪl]
waarschuwing (verwittiging)	**Vorsicht** (f)	[ˈfoːɐˌzɪçt]
waarschuwingsbord (het)	**Warnung** (f)	[ˈvaʁnʊŋ]
waarschuwen (ww)	**warnen** (vt)	[ˈvaʁnən]
vrije dag (de)	**freier Tag** (m)	[ˈfʀaɪɐ taːk]

dienstregeling (de)	Fahrplan (m)	['fa:ɐˌpla:n]
openingsuren (mv.)	Öffnungszeiten (pl)	['œfnʊŋsˌtsaɪtən]
WELKOM!	HERZLICH WILLKOMMEN!	['hɛʁtslɪç vɪl'kɔmən]
INGANG	EINGANG	['aɪnˌgaŋ]
UITGANG	AUSGANG	['aʊsˌgaŋ]
DUWEN	DRÜCKEN	['dʀʏkən]
TREKKEN	ZIEHEN	['tsi:ən]
OPEN	GEÖFFNET	[gə'ʔœfnət]
GESLOTEN	GESCHLOSSEN	[gə'ʃlɔsən]
DAMES	DAMEN, FRAUEN	['da:mən], ['fʀaʊən]
HEREN	HERREN, MÄNNER	['hɛʀən], ['mɛnɐ]
KORTING	AUSVERKAUF	['aʊsfɛɐˌkaʊf]
UITVERKOOP	REDUZIERT	[ʀedu'tsi:ɐt]
NIEUW!	NEU!	[nɔɪ]
GRATIS	GRATIS	['gʀa:tɪs]
PAS OP!	ACHTUNG!	['aχtʊŋ]
VOLGEBOEKT	ZIMMER BELEGT	['tsɪmɐ bə'le:kt]
GERESERVEERD	RESERVIERT	[ʀezɛʁ'vi:ɐt]
ADMINISTRATIE	VERWALTUNG	[fɛɐ'valtʊŋ]
ALLEEN VOOR PERSONEEL	NUR FÜR PERSONAL	[nu:ɐ fy:ɐ pɛʁzo'na:l]
GEVAARLIJKE HOND	VORSICHT BISSIGER HUND	['fo:ɐˌzɪçt 'bɪsɪgɐ hʊnt]
VERBODEN TE ROKEN!	RAUCHEN VERBOTEN!	['ʀaʊχən fɛɐ'bo:tən]
NIET AANRAKEN!	BITTE NICHT BERÜHREN	['bɪtə nɪçt bə'ʀy:ʀən]
GEVAARLIJK	GEFÄHRLICH	[gə'fɛ:ɐlɪç]
GEVAAR	VORSICHT!	['fo:ɐˌzɪçt]
HOOGSPANNING	HOCHSPANNUNG	['ho:χˌʃpanʊŋ]
VERBODEN TE ZWEMMEN	BADEN VERBOTEN	['ba:dən fɛɐ'bo:tən]
BUITEN GEBRUIK	AUẞER BETRIEB	[ˌaʊsɐ bə'tʀi:p]
ONTVLAMBAAR	LEICHTENTZÜNDLICH	['laɪçt?ɛn'tsʏntlɪç]
VERBODEN	VERBOTEN	[fɛɐ'bo:tən]
DOORGANG VERBODEN	DURCHGANG VERBOTEN	['dʊʁçˌgaŋ fɛɐ'bo:tən]
OPGELET PAS GEVERFD	FRISCH GESTRICHEN	[fʀɪʃ gə'ʃtʀɪçən]

56. Stedelijk vervoer

bus, autobus (de)	Bus (m)	[bʊs]
tram (de)	Straßenbahn (f)	['ʃtʀa:sənˌba:n]
trolleybus (de)	Obus (m)	['o:bʊs]
route (de)	Linie (f)	['li:niə]
nummer (busnummer, enz.)	Nummer (f)	['nʊmɐ]
rijden met …	mit .. fahren	[mɪt … 'fa:ʀən]
stappen (in de bus ~)	einsteigen (vi)	['aɪnˌʃtaɪgən]

afstappen (ww)	aussteigen (vi)	['aʊsˌʃtaɪɡən]
halte (de)	Haltestelle (f)	['haltəˌʃtɛlə]
volgende halte (de)	nächste Haltestelle (f)	['nɛːçstə 'haltəˌʃtɛlə]
eindpunt (het)	Endhaltestelle (f)	['ɛntˌhaltəʃtɛlə]
dienstregeling (de)	Fahrplan (m)	['faːɐˌplaːn]
wachten (ww)	warten (vi, vt)	['vaʁtən]
kaartje (het)	Fahrkarte (f)	['faːɐˌkaʁtə]
reiskosten (de)	Fahrpreis (m)	['faːɐˌpʀaɪs]
kassier (de)	Kassierer (m)	[ka'siːʀɐ]
kaartcontrole (de)	Fahrkartenkontrolle (f)	['faːɐˌkaʁtən·kɔn'tʀɔlə]
controleur (de)	Kontrolleur (m)	[kɔntʀo'løːɐ]
te laat zijn (ww)	sich verspäten	[zɪç fɛɐ'ʃpɛːtən]
missen (de bus ~)	versäumen (vt)	[fɛɐ'zɔɪmən]
zich haasten (ww)	sich beeilen	[zɪç bə'ʔaɪlən]
taxi (de)	Taxi (n)	['taksi]
taxichauffeur (de)	Taxifahrer (m)	['taksiˌfaːʀɐ]
met de taxi (bw)	mit dem Taxi	[mɪt dem 'taksi]
taxistandplaats (de)	Taxistand (m)	['taksiˌʃtant]
een taxi bestellen	ein Taxi rufen	[aɪn 'taksi 'ʀuːfən]
een taxi nemen	ein Taxi nehmen	[aɪn 'taksi 'neːmən]
verkeer (het)	Straßenverkehr (m)	['ʃtʀaːsən·fɛɐˌkeːɐ]
file (de)	Stau (m)	[ʃtaʊ]
spitsuur (het)	Hauptverkehrszeit (f)	['haʊpt·fɛɐ'keːɐsˌtsaɪt]
parkeren (on.ww.)	parken (vi)	['paʁkən]
parkeren (ov.ww.)	parken (vt)	['paʁkən]
parking (de)	Parkplatz (m)	['paʁkˌplats]
metro (de)	U-Bahn (f)	['uːbaːn]
halte (bijv. kleine treinhalte)	Station (f)	[ʃta'tsjoːn]
de metro nemen	mit der U-Bahn fahren	[mɪt deːɐ 'uːbaːn 'faːʀən]
trein (de)	Zug (m)	[tsuːk]
station (treinstation)	Bahnhof (m)	['baːnˌhoːf]

57. Bezienswaardigheden

monument (het)	Denkmal (n)	['dɛŋkˌmaːl]
vesting (de)	Festung (f)	['fɛstʊŋ]
paleis (het)	Palast (m)	[pa'last]
kasteel (het)	Schloss (n)	[ʃlɔs]
toren (de)	Turm (m)	[tʊʁm]
mausoleum (het)	Mausoleum (n)	[ˌmaʊzo'leːʊm]
architectuur (de)	Architektur (f)	[aʁçitɛk'tuːɐ]
middeleeuws (bn)	mittelalterlich	['mɪtəlˌʔaltəlɪç]
oud (bn)	alt	[alt]
nationaal (bn)	national	[natsjo'naːl]
bekend (bn)	berühmt	[bə'ʀyːmt]
toerist (de)	Tourist (m)	[tu'ʀɪst]
gids (de)	Fremdenführer (m)	['fʀɛmdənˌfyːʀɐ]

rondleiding (de)	Ausflug (m)	['aʊsˌfluːk]
tonen (ww)	zeigen (vt)	['tsaɪgən]
vertellen (ww)	erzählen (vt)	[ɛɐ'tsɛːlən]
vinden (ww)	finden (vt)	['fɪndən]
verdwalen (de weg kwijt zijn)	sich verlieren	[zɪç fɛɐ'liːbən]
plattegrond (~ van de metro)	Karte (f)	['kaʁtə]
plattegrond (~ van de stad)	Karte (f)	['kaʁtə]
souvenir (het)	Souvenir (n)	[zuvəˌniːɐ]
souvenirwinkel (de)	Souvenirladen (m)	[zuvəˌniːɐ'laːdən]
foto's maken	fotografieren (vt)	[fotoɡʀa'fiːʀən]
zich laten fotograferen	sich fotografieren	[zɪç fotoɡʀa'fiːʀən]

58. Winkelen

kopen (ww)	kaufen (vt)	['kaufən]
aankoop (de)	Einkauf (m)	['aɪnˌkaʊf]
winkelen (ww)	einkaufen gehen	['aɪnˌkaʊfən 'geːən]
winkelen (het)	Einkaufen (n)	['aɪnˌkaʊfən]
open zijn (ov. een winkel, enz.)	offen sein	['ɔfən zaɪn]
gesloten zijn (ww)	zu sein	[tsu zaɪn]
schoeisel (het)	Schuhe (pl)	['ʃuːə]
kleren (mv.)	Kleidung (f)	['klaɪdʊŋ]
cosmetica (mv.)	Kosmetik (f)	[kɔs'meːtɪk]
voedingswaren (mv.)	Lebensmittel (pl)	['leːbənsˌmɪtəl]
geschenk (het)	Geschenk (n)	[ɡə'ʃɛŋk]
verkoper (de)	Verkäufer (m)	[fɛɐ'kɔɪfɐ]
verkoopster (de)	Verkäuferin (f)	[fɛɐ'kɔɪfəʀɪn]
kassa (de)	Kasse (f)	['kasə]
spiegel (de)	Spiegel (m)	['ʃpiːɡəl]
toonbank (de)	Ladentisch (m)	['laːdənˌtɪʃ]
paskamer (de)	Umkleidekabine (f)	['ʊmklaɪdə·kaˌbiːnə]
aanpassen (ww)	anprobieren (vt)	['anpʀoˌbiːʀən]
passen (ov. kleren)	passen (vi)	['pasən]
bevallen (prettig vinden)	gefallen (vi)	[ɡə'falən]
prijs (de)	Preis (m)	[pʀaɪs]
prijskaartje (het)	Preisschild (n)	['pʀaɪsˌʃɪlt]
kosten (ww)	kosten (vt)	['kɔstən]
Hoeveel?	Wie viel?	['viː fiːl]
korting (de)	Rabatt (m)	[ʀa'bat]
niet duur (bn)	preiswert	['pʀaɪsˌveːɐt]
goedkoop (bn)	billig	['bɪlɪç]
duur (bn)	teuer	['tɔɪɐ]
Dat is duur.	Das ist teuer	[das is 'tɔɪɐ]
verhuur (de)	Verleih (m)	[fɛɐ'laɪ]

huren (smoking, enz.)	ausleihen (vt)	['aʊsˌlaɪən]
krediet (het)	Kredit (m), Darlehen (n)	[kʀeˈdiːt], [ˈdaʀˌleːən]
op krediet (bw)	auf Kredit	[aʊf kʀeˈdiːt]

59. Geld

geld (het)	Geld (n)	[gɛlt]
ruil (de)	Austausch (m)	[ˈaʊsˌtaʊʃ]
koers (de)	Kurs (m)	[kʊʀs]
geldautomaat (de)	Geldautomat (m)	[ˈgɛltʔaʊtoˌmaːt]
muntstuk (de)	Münze (f)	[ˈmʏntsə]

| dollar (de) | Dollar (m) | [ˈdɔlaʀ] |
| euro (de) | Euro (m) | [ˈɔɪʀo] |

lire (de)	Lira (f)	[ˈliːʀa]
Duitse mark (de)	Mark (f)	[maʀk]
frank (de)	Franken (m)	[ˈfʀaŋkən]
pond sterling (het)	Pfund Sterling (n)	[pfʊnt ˈʃtɛʀlɪŋ]
yen (de)	Yen (m)	[jɛn]

schuld (geldbedrag)	Schulden (pl)	[ˈʃʊldən]
schuldenaar (de)	Schuldner (m)	[ˈʃʊldnɐ]
uitlenen (ww)	leihen (vt)	[ˈlaɪən]
lenen (geld ~)	ausleihen (vt)	[ˈaʊsˌlaɪən]

bank (de)	Bank (f)	[baŋk]
bankrekening (de)	Konto (n)	[ˈkɔnto]
storten (ww)	einzahlen (vt)	[ˈaɪnˌtsaːlən]
op rekening storten	auf ein Konto einzahlen	[aʊf aɪn ˈkɔnto ˈaɪnˌtsaːlən]
opnemen (ww)	abheben (vt)	[ˈapˌheːbən]

kredietkaart (de)	Kreditkarte (f)	[kʀeˈdiːtˌkaʀtə]
baar geld (het)	Bargeld (n)	[ˈbaːɐˌgɛlt]
cheque (de)	Scheck (m)	[ʃɛk]
een cheque uitschrijven	einen Scheck schreiben	[ˈaɪnən ʃɛk ˈʃʀaɪbn]
chequeboekje (het)	Scheckbuch (n)	[ˈʃɛkˌbuːx]

portefeuille (de)	Geldtasche (f)	[ˈgɛltˌtaʃə]
geldbeugel (de)	Geldbeutel (m)	[ˈgɛltˌbɔɪtəl]
safe (de)	Safe (m)	[sɛɪf]

erfgenaam (de)	Erbe (m)	[ˈɛʀbə]
erfenis (de)	Erbschaft (f)	[ˈɛʀpʃaft]
fortuin (het)	Vermögen (n)	[fɛɐˈmøːgən]

huur (de)	Pacht (f)	[paxt]
huurprijs (de)	Miete (f)	[ˈmiːtə]
huren (huis, kamer)	mieten (vt)	[ˈmiːtən]

prijs (de)	Preis (m)	[pʀaɪs]
kostprijs (de)	Kosten (pl)	[ˈkɔstən]
som (de)	Summe (f)	[ˈzʊmə]
uitgeven (geld besteden)	ausgeben (vt)	[ˈaʊsˌgeːbən]

kosten (mv.)	**Ausgaben** (pl)	['aʊsˌgaːbən]
bezuinigen (ww)	**sparen** (vt)	['ʃpaːʀən]
zuinig (bn)	**sparsam**	['ʃpaːɐzaːm]
betalen (ww)	**zahlen** (vt)	['tsaːlən]
betaling (de)	**Lohn** (m)	[loːn]
wisselgeld (het)	**Wechselgeld** (n)	['vɛksəlˌgɛlt]
belasting (de)	**Steuer** (f)	['ʃtɔɪɐ]
boete (de)	**Geldstrafe** (f)	['gɛltˌʃtʀaːfə]
beboeten (bekeuren)	**bestrafen** (vt)	[bəˈʃtʀaːfən]

60. Post. Postkantoor

postkantoor (het)	**Post** (f)	[pɔst]
post (de)	**Post** (f)	[pɔst]
postbode (de)	**Briefträger** (m)	['bʀiːfˌtʀɛːgɐ]
openingsuren (mv.)	**Öffnungszeiten** (pl)	['œfnʊŋsˌtsaɪtən]
brief (de)	**Brief** (m)	[bʀiːf]
aangetekende brief (de)	**Einschreibebrief** (m)	['aɪnʃʀaɪbəˌbʀiːf]
briefkaart (de)	**Postkarte** (f)	['pɔstˌkaʁtə]
telegram (het)	**Telegramm** (n)	[teleˈgʀam]
postpakket (het)	**Postpaket** (n)	['pɔst·paˈkeːt]
overschrijving (de)	**Geldanweisung** (f)	['gɛltˌanvaɪzʊŋ]
ontvangen (ww)	**bekommen** (vt)	[bəˈkɔmən]
sturen (zenden)	**abschicken** (vt)	['apˌʃɪkən]
verzending (de)	**Absendung** (f)	['apˌzɛndʊŋ]
adres (het)	**Postanschrift** (f)	['pɔstˌanʃʀɪft]
postcode (de)	**Postleitzahl** (f)	['pɔstlaɪtˌtsaːl]
verzender (de)	**Absender** (m)	['apˌzɛndɐ]
ontvanger (de)	**Empfänger** (m)	[ɛmˈpfɛŋɐ]
naam (de)	**Vorname** (m)	['foːɐˌnaːmə]
achternaam (de)	**Nachname** (m)	['naːxˌnaːmə]
tarief (het)	**Tarif** (m)	[taˈʀiːf]
standaard (bn)	**Standard-**	['standaʁt]
zuinig (bn)	**Spar-**	['ʃpaːɐ]
gewicht (het)	**Gewicht** (n)	[gəˈvɪçt]
afwegen (op de weegschaal)	**abwiegen** (vt)	['apˌviːgən]
envelop (de)	**Briefumschlag** (m)	['bʀiːfʔʊmˌʃlaːk]
postzegel (de)	**Briefmarke** (f)	['bʀiːfˌmaʁkə]
een postzegel plakken op	**Briefmarke aufkleben**	['bʀiːfˌmaʁkə 'aʊfˌkleːbən]

Woning. Huis. Thuis

61. Huis. Elektriciteit

elektriciteit (de)	Elektrizität (f)	[elɛktʀitsi'tɛːt]
lamp (de)	Glühbirne (f)	['glyːˌbɪʁnə]
schakelaar (de)	Schalter (m)	['ʃaltɐ]
zekering (de)	Sicherung (f)	['zɪçəʀʊŋ]
draad (de)	Draht (m)	[dʀaːt]
bedrading (de)	Leitung (f)	['laɪtʊŋ]
elektriciteitsmeter (de)	Stromzähler (m)	['ʃtʀoːmˌtsɛːlɐ]
gegevens (mv.)	Zählerstand (m)	['tsɛːleˌʃtant]

62. Villa. Herenhuis

landhuisje (het)	Landhaus (n)	['lantˌhaʊs]
villa (de)	Villa (f)	['vɪla]
vleugel (de)	Flügel (m)	['flyːgəl]
tuin (de)	Garten (m)	['gaʁtən]
park (het)	Park (m)	[paʁk]
oranjerie (de)	Orangerie (f)	[oʀaŋʒə'ʀiː]
onderhouden (tuin, enz.)	pflegen (vt)	['pfleːgən]
zwembad (het)	Schwimmbad (n)	['ʃvɪmbaːt]
gym (het)	Kraftraum (m)	['kʀaftˌʀaʊm]
tennisveld (het)	Tennisplatz (m)	['tɛnɪsˌplats]
bioscoopkamer (de)	Heimkinoraum (m)	['haɪmkiːnoˌʀaʊm]
garage (de)	Garage (f)	[ga'ʀaːʒə]
privé-eigendom (het)	Privateigentum (n)	[pʀi'vaːtˌʔaɪgəntuːm]
eigen terrein (het)	Privatgrundstück (n)	[pʀi'vaːtˌgʀʊntʃtʏk]
waarschuwing (de)	Warnung (f)	['vaʁnʊŋ]
waarschuwingsbord (het)	Warnschild (n)	['vaʁnʃɪlt]
bewaking (de)	Bewachung (f)	[bə'vaχʊŋ]
bewaker (de)	Wächter (m)	['vɛçtɐ]
inbraakalarm (het)	Alarmanlage (f)	[a'laʁmˈanˌlaːgə]

63. Appartement

appartement (het)	Wohnung (f)	['voːnʊŋ]
kamer (de)	Zimmer (n)	['tsɪmɐ]
slaapkamer (de)	Schlafzimmer (n)	['ʃlaːfˌtsɪmɐ]

eetkamer (de)	Esszimmer (n)	[ˈɛsˌtsɪmɐ]
salon (de)	Wohnzimmer (n)	[ˈvoːnˌtsɪmɐ]
studeerkamer (de)	Arbeitszimmer (n)	[ˈaʁbaɪtsˌtsɪmɐ]
gang (de)	Vorzimmer (n)	[ˈfoːɐˌtsɪmɐ]
badkamer (de)	Badezimmer (n)	[ˈbaːdəˌtsɪmɐ]
toilet (het)	Toilette (f)	[toaˈlɛtə]
plafond (het)	Decke (f)	[ˈdɛkə]
vloer (de)	Fußboden (m)	[ˈfuːsˌboːdən]
hoek (de)	Ecke (f)	[ˈɛkə]

64. Meubels. Interieur

meubels (mv.)	Möbel (n)	[ˈmøːbəl]
tafel (de)	Tisch (m)	[tɪʃ]
stoel (de)	Stuhl (m)	[ʃtuːl]
bed (het)	Bett (n)	[bɛt]
bankstel (het)	Sofa (n)	[ˈzoːfa]
fauteuil (de)	Sessel (m)	[ˈzɛsəl]
boekenkast (de)	Bücherschrank (m)	[ˈbyːçɐˌʃʁaŋk]
boekenrek (het)	Regal (n)	[ʁeˈgaːl]
kledingkast (de)	Schrank (m)	[ʃʁaŋk]
kapstok (de)	Hakenleiste (f)	[ˈhaːkənˌlaɪstə]
staande kapstok (de)	Kleiderständer (m)	[ˈklaɪdɐˌʃtɛndɐ]
commode (de)	Kommode (f)	[kɔˈmoːdə]
salontafeltje (het)	Couchtisch (m)	[ˈkaʊtʃˌtɪʃ]
spiegel (de)	Spiegel (m)	[ˈʃpiːgəl]
tapijt (het)	Teppich (m)	[ˈtɛpɪç]
tapijtje (het)	Matte (f)	[ˈmatə]
haard (de)	Kamin (m)	[kaˈmiːn]
kaars (de)	Kerze (f)	[ˈkɛʁtsə]
kandelaar (de)	Kerzenleuchter (m)	[ˈkɛʁtsənˌlɔɪçtɐ]
gordijnen (mv.)	Vorhänge (pl)	[ˈfoːɐhɛŋə]
behang (het)	Tapete (f)	[taˈpeːtə]
jaloezie (de)	Jalousie (f)	[ʒaluˈziː]
bureaulamp (de)	Tischlampe (f)	[ˈtɪʃˌlampə]
wandlamp (de)	Leuchte (f)	[ˈlɔɪçtə]
staande lamp (de)	Stehlampe (f)	[ˈʃteːˌlampə]
luchter (de)	Kronleuchter (m)	[ˈkʁoːnˌlɔɪçtɐ]
poot (ov. een tafel, enz.)	Bein (n)	[baɪn]
armleuning (de)	Armlehne (f)	[ˈaʁmˌleːnə]
rugleuning (de)	Lehne (f)	[ˈleːnə]
la (de)	Schublade (f)	[ˈʃuːpˌlaːdə]

65. Beddengoed

beddengoed (het)	**Bettwäsche** (f)	['bɛtˌvɛʃə]
kussen (het)	**Kissen** (n)	['kɪsən]
kussenovertrek (de)	**Kissenbezug** (m)	['kɪsənbəˌtsuːk]
deken (de)	**Bettdecke** (f)	['bɛtˌdɛkə]
laken (het)	**Laken** (n)	['laːkən]
sprei (de)	**Tagesdecke** (f)	['taːgəsˌdɛkə]

66. Keuken

keuken (de)	**Küche** (f)	['kʏçə]
gas (het)	**Gas** (n)	[gaːs]
gasfornuis (het)	**Gasherd** (m)	['gaːsˌheːɐt]
elektrisch fornuis (het)	**Elektroherd** (m)	[e'lɛktʀoˌheːɐt]
oven (de)	**Backofen** (m)	['bakˌʔoːfən]
magnetronoven (de)	**Mikrowellenherd** (m)	['mikʀovɛlənˌheːɐt]
koelkast (de)	**Kühlschrank** (m)	['kyːlʃʀaŋk]
diepvriezer (de)	**Tiefkühltruhe** (f)	['tiːfkyːlˌtʀuːə]
vaatwasmachine (de)	**Geschirrspülmaschine** (f)	[gə'ʃɪʁˈʃpyːlmaˌʃiːnə]
vleesmolen (de)	**Fleischwolf** (m)	['flaɪʃvɔlf]
vruchtenpers (de)	**Saftpresse** (f)	['zaftˌpʀɛsə]
toaster (de)	**Toaster** (m)	['toːstɐ]
mixer (de)	**Mixer** (m)	['mɪksɐ]
koffiemachine (de)	**Kaffeemaschine** (f)	['kafeˑmaˌʃiːnə]
koffiepot (de)	**Kaffeekanne** (f)	['kafeˌkanə]
koffiemolen (de)	**Kaffeemühle** (f)	['kafeˌmyːlə]
fluitketel (de)	**Wasserkessel** (m)	['vasɐˌkɛsəl]
theepot (de)	**Teekanne** (f)	['teːˌkanə]
deksel (de/het)	**Deckel** (m)	['dɛkəl]
theezeefje (het)	**Teesieb** (n)	['teːˌziːp]
lepel (de)	**Löffel** (m)	['lœfəl]
theelepeltje (het)	**Teelöffel** (m)	['teːˌlœfəl]
eetlepel (de)	**Esslöffel** (m)	['ɛsˌlœfəl]
vork (de)	**Gabel** (f)	[gaːbəl]
mes (het)	**Messer** (n)	['mɛsɐ]
vaatwerk (het)	**Geschirr** (n)	[gə'ʃɪʁ]
bord (het)	**Teller** (m)	['tɛlɐ]
schoteltje (het)	**Untertasse** (f)	['ʊntɐˌtasə]
likeurglas (het)	**Schnapsglas** (n)	['ʃnapsˌglaːs]
glas (het)	**Glas** (n)	[glaːs]
kopje (het)	**Tasse** (f)	['tasə]
suikerpot (de)	**Zuckerdose** (f)	['tsʊkɐˌdoːzə]
zoutvat (het)	**Salzstreuer** (m)	['zaltsˌʃtʀɔɪɐ]
pepervat (het)	**Pfefferstreuer** (m)	['pfɛfɐˌʃtʀɔɪɐ]

boterschaaltje (het)	Butterdose (f)	['bʊtɐˌdoːzə]
pan (de)	Kochtopf (m)	['kɔχˌtɔpf]
bakpan (de)	Pfanne (f)	['pfanə]
pollepel (de)	Schöpflöffel (m)	['ʃœpfˌlœfəl]
vergiet (de/het)	Durchschlag (m)	['dʊʁçˌʃlaːk]
dienblad (het)	Tablett (n)	[ta'blɛt]
fles (de)	Flasche (f)	['flaʃə]
glazen pot (de)	Einmachglas (n)	['aɪnmaχˌglaːs]
blik (conserven~)	Dose (f)	['doːzə]
flesopener (de)	Flaschenöffner (m)	['flaʃənˌʔœfnɐ]
blikopener (de)	Dosenöffner (m)	['doːzənˌʔœfnɐ]
kurkentrekker (de)	Korkenzieher (m)	['kɔʁkənˌtsiːɐ]
filter (de/het)	Filter (n)	['fɪltɐ]
filteren (ww)	filtern (vt)	['fɪltɐn]
huisvuil (het)	Müll (m)	[mʏl]
vuilnisemmer (de)	Mülleimer (m)	['mʏlˌʔaɪmɐ]

67. Badkamer

badkamer (de)	Badezimmer (n)	['baːdəˌtsɪmɐ]
water (het)	Wasser (n)	['vasɐ]
kraan (de)	Wasserhahn (m)	['vasɐˌhaːn]
warm water (het)	Warmwasser (n)	['vaʁmˌvasɐ]
koud water (het)	Kaltwasser (n)	['kaltˌvasɐ]
tandpasta (de)	Zahnpasta (f)	['tsaːnˌpasta]
tanden poetsen (ww)	Zähne putzen	['tsɛːnə 'pʊtsən]
tandenborstel (de)	Zahnbürste (f)	['tsaːnˌbʏʁstə]
zich scheren (ww)	sich rasieren	[zɪç ʁa'ziːʁən]
scheercrème (de)	Rasierschaum (m)	[ʁa'ziːɐˌʃaʊm]
scheermes (het)	Rasierer (m)	[ʁa'ziːʁɐ]
wassen (ww)	waschen (vt)	['vaʃən]
een bad nemen	sich waschen	[zɪç 'vaʃən]
douche (de)	Dusche (f)	['duːʃə]
een douche nemen	sich duschen	[zɪç 'duːʃən]
bad (het)	Badewanne (f)	['baːdəˌvanə]
toiletpot (de)	Klosettbecken (n)	[klo'zɛtˌbɛkən]
wastafel (de)	Waschbecken (n)	['vaʃˌbɛkən]
zeep (de)	Seife (f)	['zaɪfə]
zeepbakje (het)	Seifenschale (f)	['zaɪfənˌʃaːlə]
spons (de)	Schwamm (m)	[ʃvam]
shampoo (de)	Shampoo (n)	['ʃampuː]
handdoek (de)	Handtuch (n)	['hantˌtuːχ]
badjas (de)	Bademantel (m)	['baːdəˌmantəl]
was (bijv. handwas)	Wäsche (f)	['vɛʃə]
wasmachine (de)	Waschmaschine (f)	['vaʃ·maˌʃiːnə]

de was doen   waschen (vt)   ['vaʃən]
waspoeder (de)   Waschpulver (n)   ['vaʃˌpʊlvɐ]

68. Huishoudelijke apparaten

televisie (de)	Fernseher (m)	['fɛʁnˌzeːɐ]
cassettespeler (de)	Tonbandgerät (n)	['toːnbantˌɡəˌʁɛːt]
videorecorder (de)	Videorekorder (m)	['videoˑʁeˌkɔʁdɐ]
radio (de)	Empfänger (m)	[ɛm'pfɛŋɐ]
speler (de)	Player (m)	['plɛɪɐ]

videoprojector (de)	Videoprojektor (m)	['viːdeo-pʁojɛktoːɐ]
home theater systeem (het)	Heimkino (n)	['haɪmkiːno]
DVD-speler (de)	DVD-Player (m)	[defaʊ'deːˌplɛɪɐ]
versterker (de)	Verstärker (m)	[fɛɐ'ʃtɛʁkɐ]
spelconsole (de)	Spielkonsole (f)	['ʃpiːlˈkɔnˌzoːlə]

videocamera (de)	Videokamera (f)	['viːdeoˌkaməʁa]
fotocamera (de)	Kamera (f)	['kaməʁa]
digitale camera (de)	Digitalkamera (f)	[digiˈtaːlˌkaməʁa]

stofzuiger (de)	Staubsauger (m)	['ʃtaʊpˌzaʊɡɐ]
strijkijzer (het)	Bügeleisen (n)	['byːɡəlˌʔaɪzən]
strijkplank (de)	Bügelbrett (n)	['byːɡəlˌbʁɛt]

telefoon (de)	Telefon (n)	[teleˈfoːn]
mobieltje (het)	Mobiltelefon (n)	[moˈbiːlˈteleˌfoːn]
schrijfmachine (de)	Schreibmaschine (f)	['ʃʁaɪpˑmaˌʃiːnə]
naaimachine (de)	Nähmaschine (f)	['nɛːˑmaˌʃiːnə]

microfoon (de)	Mikrophon (n)	[mikʁoˈfoːn]
koptelefoon (de)	Kopfhörer (m)	['kɔpfˌhøːʁɐ]
afstandsbediening (de)	Fernbedienung (f)	['fɛʁnbəˌdiːnʊŋ]

CD (de)	CD (f)	[tseːˈdeː]
cassette (de)	Kassette (f)	[kaˈsɛtə]
vinylplaat (de)	Schallplatte (f)	['ʃalˌplatə]

MENSELIJKE ACTIVITEITEN

Baan. Business. Deel 1

69. Kantoor. Op kantoor werken

kantoor (het)	Büro (n)	[by'ʀoː]
kamer (de)	Büro (n)	[by'ʀoː]
receptie (de)	Rezeption (f)	[ʀɛtsɛp'tsjoːn]
secretaris (de)	Sekretär (m)	[zekʀe'tɛːɐ]
secretaresse (de)	Sekretärin (f)	[zekʀe'tɛːʀɪn]
directeur (de)	Direktor (m)	[di'ʀɛktoːɐ]
manager (de)	Manager (m)	['mɛnɪdʒɐ]
boekhouder (de)	Buchhalter (m)	['buːχˌhaltɐ]
werknemer (de)	Mitarbeiter (m)	['mɪtʔaʁˌbaɪtɐ]
meubilair (het)	Möbel (n)	['møːbəl]
tafel (de)	Tisch (m)	[tɪʃ]
bureaustoel (de)	Schreibtischstuhl (m)	['ʃʀaɪptɪʃˌʃtuːl]
ladeblok (het)	Rollcontainer (m)	['ʀɔlˑkɔnˌteːnɐ]
kapstok (de)	Kleiderständer (m)	['klaɪdɐˌʃtɛndɐ]
computer (de)	Computer (m)	[kɔm'pjuːte]
printer (de)	Drucker (m)	['dʀʊkɐ]
fax (de)	Fax (m, n)	[faks]
kopieerapparaat (het)	Kopierer (m)	[ko'piːʀɐ]
papier (het)	Papier (n)	[pa'piːɐ]
kantoorartikelen (mv.)	Büromaterial (n)	[by'ʀoːmateˌʀiaːl]
muismat (de)	Mousepad (n)	['maʊspɛt]
blad (het)	Blatt (n) Papier	[blat pa'piːɐ]
ordner (de)	Ordner (m)	['ɔʁdnɐ]
catalogus (de)	Katalog (m)	[kata'loːk]
telefoongids (de)	Adressbuch (n)	[a'dʀɛsˌbuːχ]
documentatie (de)	Dokumentation (f)	[dokumɛnta'tsjoːn]
brochure (de)	Broschüre (f)	[bʀɔ'ʃyːʀɐ]
flyer (de)	Flugblatt (n)	['fluːkˌblat]
monster (het), staal (de)	Muster (n)	['mʊstɐ]
training (de)	Training (n)	['tʀɛːnɪŋ]
vergadering (de)	Meeting (n)	['miːtɪŋ]
lunchpauze (de)	Mittagspause (f)	['mɪtaːksˌpaʊzə]
een kopie maken	eine Kopie machen	['aɪnə ko'piː 'maχən]
de kopieën maken	vervielfältigen (vt)	[fɛɐ'fiːlˌfɛltɪɡən]
een fax ontvangen	ein Fax bekommen	[aɪn faks bə'kɔmən]
een fax versturen	ein Fax senden	[aɪn faks 'zɛndən]

opbellen (ww)	anrufen (vt)	['an‚ʀuːfən]
antwoorden (ww)	antworten (vi)	['ant‚vɔʁtən]
doorverbinden (ww)	verbinden (vt)	[fɛɐ̯'bɪndən]

afspreken (ww)	ausmachen (vt)	['aʊs‚maχən]
demonstreren (ww)	demonstrieren (vt)	[demɔn'stʀiːʀən]
absent zijn (ww)	fehlen (vi)	['feːlən]
afwezigheid (de)	Abwesenheit (f)	['ap‚veːzən·haɪt]

70. Bedrijfsprocessen. Deel 1

bedrijf (business)	Geschäft (n)	[gə'ʃɛft]
zaak (de), beroep (het)	Angelegenheit (f)	['angə‚leːgənhaɪt]
firma (de)	Firma (f)	['fɪʁma]
bedrijf (maatschap)	Gesellschaft (f)	[gə'zɛlʃaft]
corporatie (de)	Konzern (m)	[kɔn'tsɛʁn]
onderneming (de)	Unternehmen (n)	[‚ʊntɐ'neːmən]
agentschap (het)	Agentur (f)	[agɛn'tuːɐ̯]

overeenkomst (de)	Vereinbarung (f)	[fɛɐ̯'ʔaɪnbaːʀʊŋ]
contract (het)	Vertrag (m)	[fɛɐ̯'tʀaːk]
transactie (de)	Geschäft (n)	[gə'ʃɛft]
bestelling (de)	Auftrag (m)	['aʊf‚tʀaːk]
voorwaarde (de)	Bedingung (f)	[bə'dɪŋʊŋ]

in het groot (bw)	en gros	[ɛn 'gʁo]
groothandels- (abn)	Großhandels-	['gʀoːs‚handəls]
groothandel (de)	Großhandel (m)	['gʀoːs‚handəl]
kleinhandels- (abn)	Einzelhandels-	['aɪntsəl‚handəls]
kleinhandel (de)	Einzelhandel (m)	['aɪntsəl‚handəl]

concurrent (de)	Konkurrent (m)	[kɔŋkʊ'ʀɛnt]
concurrentie (de)	Konkurrenz (f)	[‚kɔnkʊ'ʀɛnts]
concurreren (ww)	konkurrieren (vi)	[kɔŋkʊ'ʀiːʀən]

| partner (de) | Partner (m) | ['paʁtnɐ] |
| partnerschap (het) | Partnerschaft (f) | ['paʁtnɐʃaft] |

crisis (de)	Krise (f)	['kʀiːzə]
bankroet (het)	Bankrott (m)	[baŋ'kʀɔt]
bankroet gaan (ww)	Bankrott machen	[baŋ'kʀɔt 'maχən]
moeilijkheid (de)	Schwierigkeit (f)	['ʃviːʀɪçkaɪt]
probleem (het)	Problem (n)	[pʀo'bleːm]
catastrofe (de)	Katastrophe (f)	[‚katas'tʀoːfə]

economie (de)	Wirtschaft (f)	['vɪʁtʃaft]
economisch (bn)	wirtschaftlich	['vɪʁtʃaftlɪç]
economische recessie (de)	Rezession (f)	[ʀetsɛ'sjoːn]

| doel (het) | Ziel (n) | [tsiːl] |
| taak (de) | Aufgabe (f) | ['aʊf‚gaːbə] |

| handelen (handel drijven) | handeln (vi) | ['handəln] |
| netwerk (het) | Netz (n) | [nɛts] |

| voorraad (de) | Lager (n) | ['la:gɐ] |
| assortiment (het) | Sortiment (n) | [zɔʁti'mɛnt] |

leider (de)	führende Unternehmen (n)	['fy:ʁəndə ʊntɐ'ne:mən]
groot (bn)	groß	[gʁo:s]
monopolie (het)	Monopol (n)	[mono'po:l]

theorie (de)	Theorie (f)	[teo'ʁi:]
praktijk (de)	Praxis (f)	['pʁaksɪs]
ervaring (de)	Erfahrung (f)	[ɛɐ'fa:ʁʊŋ]
tendentie (de)	Tendenz (f)	[tɛn'dɛnts]
ontwikkeling (de)	Entwicklung (f)	[ɛnt'vɪklʊŋ]

71. Bedrijfsprocessen. Deel 2

| voordeel (het) | Vorteil (m) | ['fɔʁˌtaɪl] |
| voordelig (bn) | vorteilhaft | ['fɔʁtaɪlˌhaft] |

delegatie (de)	Delegation (f)	[delega'tsjo:n]
salaris (het)	Lohn (m)	[lo:n]
corrigeren (fouten ~)	korrigieren (vt)	[kɔʁi'gi:ʁən]
zakenreis (de)	Dienstreise (f)	['di:nstˌʁaɪzə]
commissie (de)	Kommission (f)	[kɔmɪ'sjo:n]

controleren (ww)	kontrollieren (vt)	[kɔntʁɔ'li:ʁən]
conferentie (de)	Konferenz (f)	[ˌkɔnfe'ʁɛnts]
licentie (de)	Lizenz (f)	[li'tsɛnts]
betrouwbaar (partner, enz.)	zuverlässig	['tsu:fɛɐˌlɛsɪç]

aanzet (de)	Initiative (f)	[initsɪa'ti:və]
norm (bijv. ~ stellen)	Norm (f)	[nɔʁm]
omstandigheid (de)	Umstand (m)	['ʊmʃtant]
taak, plicht (de)	Pflicht (f)	[pflɪçt]

organisatie (bedrijf, zaak)	Unternehmen (n)	[ˌʊntɐ'ne:mən]
organisatie (proces)	Organisation (f)	[ˌɔʁganiza'tsjo:n]
georganiseerd (bn)	organisiert	[ɔʁgani'zi:ɐt]
afzegging (de)	Abschaffung (f)	['apˌʃafʊŋ]
afzeggen (ww)	abschaffen (vt)	['apˌʃafən]
verslag (het)	Bericht (m)	[bə'ʁɪçt]

patent (het)	Patent (n)	[pa'tɛnt]
patenteren (ww)	patentieren (vt)	[patɛn'ti:ʁən]
plannen (ww)	planen (vt)	['pla:nən]

premie (de)	Prämie (f)	['pʁɛ:mɪə]
professioneel (bn)	professionell	[pʁofɛsjo'nɛl]
procedure (de)	Prozedur (f)	[ˌpʁotse'du:ɐ]

onderzoeken (contract, enz.)	prüfen (vt)	['pʁy:fən]
berekening (de)	Berechnung (f)	[bə'ʁɛçnʊŋ]
reputatie (de)	Ruf (m)	[ʁu:f]
risico (het)	Risiko (n)	['ʁi:ziko]
beheren (managen)	leiten (vt)	['laɪtən]

69

informatie (de)	Informationen (pl)	[ɪnfɔʁma'tsjoːnən]
eigendom (bezit)	Eigentum (n)	['aɪgəntuːm]
unie (de)	Bund (m)	[bʊnt]

levensverzekering (de)	Lebensversicherung (f)	['leːbəns·fɛɐ̯ˌzɪçəʁʊŋ]
verzekeren (ww)	versichern (vt)	[fɛɐ̯'zɪçɐn]
verzekering (de)	Versicherung (f)	[fɛɐ̯'zɪçəʁʊŋ]

veiling (de)	Auktion (f)	[aʊk'tsjoːn]
verwittigen (ww)	benachrichtigen (vt)	[bə'naːxˌʁɪçtɪgən]
beheer (het)	Verwaltung (f)	[fɛɐ̯'valtʊŋ]
dienst (de)	Dienst (m)	[diːnst]

forum (het)	Forum (n)	['foːʁʊm]
functioneren (ww)	funktionieren (vi)	[fʊŋktsjoˈniːʁən]
stap, etappe (de)	Etappe (f)	[e'tapə]
juridisch (bn)	juristisch	[juˈʁɪstɪʃ]
jurist (de)	Jurist (m)	[juˈʁɪst]

72. Productie. Werken

industriële installatie (fabriek)	Werk (n)	[vɛʁk]
fabriek (de)	Fabrik (f)	[faˈbʁiːk]
werkplaatsruimte (de)	Werkstatt (f)	['vɛʁkˌʃtat]
productielocatie (de)	Betrieb (m)	[bəˈtʁiːp]

industrie (de)	Industrie (f)	[ɪndʊsˈtʁiː]
industrieel (bn)	Industrie-	[ɪndʊsˈtʁiː]
zware industrie (de)	Schwerindustrie (f)	[ˈʃveːɐ̯ʔɪndʊsˌtʁiː]
lichte industrie (de)	Leichtindustrie (f)	[ˈlaɪçtʔɪndʊsˌtʁiː]

productie (de)	Produktion (f)	[pʁodʊkˈtsjoːn]
produceren (ww)	produzieren (vt)	[pʁoduˈtsiːʁən]
grondstof (de)	Rohstoff (m)	[ˈʁoːˌʃtɔf]

voorman, ploegbaas (de)	Vorarbeiter (m), Meister (m)	[foːʁˈʔaʁbaɪtɐ], [ˈmaɪstɐ]
ploeg (de)	Arbeitsteam (n)	[ˈaʁbaɪtsˌtiːm]
arbeider (de)	Arbeiter (m)	[ˈaʁbaɪtɐ]

werkdag (de)	Arbeitstag (m)	[ˈaʁbaɪtsˌtaːk]
pauze (de)	Pause (f)	[ˈpaʊzə]
samenkomst (de)	Versammlung (f)	[fɛɐ̯ˈzamlʊŋ]
bespreken (spreken over)	besprechen (vt)	[bəˈʃpʁɛçən]

plan (het)	Plan (m)	[plaːn]
het plan uitvoeren	den Plan erfüllen	[den plaːn ɛɐ̯ˈfʏlən]
productienorm (de)	Arbeitsertrag (m)	[ˈaʁbaɪtsˌɛɐ̯ˈtʁaːk]
kwaliteit (de)	Qualität (f)	[kvaliˈtɛːt]
controle (de)	Prüfung, Kontrolle (f)	[ˈpʁyːfʊŋ], [kɔnˈtʁɔlə]
kwaliteitscontrole (de)	Gütekontrolle (f)	[ˈgyːtə·kɔnˈtʁɔlə]

arbeidsveiligheid (de)	Arbeitsplatzsicherheit (f)	[ˈaʁbaɪts·platsˌzɪçɐhaɪt]
discipline (de)	Disziplin (f)	[dɪstsiˈpliːn]
overtreding (de)	Übertretung (f)	[yːbɐˈtʁeːtʊŋ]

overtreden (ww)	übertreten (vt)	[y:bɐ'tʀe:tən]
staking (de)	Streik (m)	[ʃtʀaɪk]
staker (de)	Streikender (m)	['ʃtʀaɪkəndɐ]
staken (ww)	streiken (vi)	['ʃtʀaɪkən]
vakbond (de)	Gewerkschaft (f)	[gə'vɛʀkʃaft]

uitvinden (machine, enz.)	erfinden (vt)	[ɛɐ'fɪndən]
uitvinding (de)	Erfindung (f)	[ɛɐ'fɪndʊŋ]
onderzoek (het)	Erforschung (f)	[ɛɐ'fɔʀʃʊŋ]
verbeteren (beter maken)	verbessern (vt)	[fɛɐ'bɛsɐn]
technologie (de)	Technologie (f)	[tɛçnolo'gi:]
technische tekening (de)	Zeichnung (f)	['tsaɪçnʊŋ]

vracht (de)	Ladung (f)	['la:dʊŋ]
lader (de)	Ladearbeiter (m)	['la:də‚aʀbaɪtɐ]
laden (vrachtwagen)	laden (vt)	['la:dən]
laden (het)	Beladung (f)	[bə'la:dʊŋ]
lossen (ww)	entladen (vt)	[ɛnt'la:dən]
lossen (het)	Entladung (f)	[ɛnt'la:dʊŋ]

transport (het)	Transport (m)	[tʀans'pɔʀt]
transportbedrijf (de)	Transportunternehmen (n)	[tʀans'pɔʀt‧ʊntɐ'ne:mən]
transporteren (ww)	transportieren (vt)	[‚tʀanspɔʀ'ti:ʀən]

goederenwagon (de)	Güterwagen (m)	['gy:tɐ‚va:gən]
tank (bijv. ketelwagen)	Zisterne (f)	[tsɪs'tɛʀnə]
vrachtwagen (de)	Lastkraftwagen (m)	['lastkʀaft‚va:gən]

machine (de)	Werkzeugmaschine (f)	['vɛʀktsɔɪk‧ma‚ʃi:nə]
mechanisme (het)	Mechanismus (m)	[meça'nɪsmʊs]

industrieel afval (het)	Industrieabfälle (pl)	[ɪndʊs'tʀi:ʔap‚fɛlə]
verpakking (de)	Verpacken (n)	[fɛɐ'pakən]
verpakken (ww)	verpacken (vt)	[fɛɐ'pakən]

73. Contract. Overeenstemming

contract (het)	Vertrag (m)	[fɛɐ'tʀa:k]
overeenkomst (de)	Vereinbarung (f)	[fɛɐ'ʔaɪnba:ʀʊŋ]
bijlage (de)	Anhang (m)	['anhaŋ]

een contract sluiten	einen Vertrag abschließen	['aɪnən fɛɐ'tʀa:k 'ap‚ʃli:sən]
handtekening (de)	Unterschrift (f)	['ʊntɐ‚ʃʀɪft]
ondertekenen (ww)	unterschreiben (vt)	[‚ʊntɐ'ʃʀaɪbən]
stempel (de)	Stempel (m)	['ʃtɛmpəl]

voorwerp (het) van de overeenkomst	Vertragsgegenstand (m)	[fɛɐ'tʀa:ks‧'ge:gənʃtant]
clausule (de)	Punkt (m)	[pʊŋkt]
partijen (mv.)	Parteien (pl)	[paʀ'taɪən]

vestigingsadres (het)	rechtmäßige Anschrift (f)	['ʀɛçt‚mɛ:sɪgə 'anʃʀɪft]
het contract verbreken (overtreden)	Vertrag brechen	[fɛɐ'tʀa:k 'bʀɛçən]

verplichting (de)	Verpflichtung (f)	[fɛɐ'pflɪçtʊŋ]
verantwoordelijkheid (de)	Verantwortlichkeit (f)	[fɛɐ'ʔantvɔʁtlɪçkaɪt]
overmacht (de)	Force majeure (f)	[fɔʁs·ma'ʒœ:r]
geschil (het)	Streit (m)	[ʃtʀaɪt]
sancties (mv.)	Strafsanktionen (pl)	['ʃtʀa:f·zaŋk'tsjo:nən]

74. Import & Export

import (de)	Import (m)	[ˌɪm'pɔʁt]
importeur (de)	Importeur (m)	[ɪmpɔʁ'tø:ɐ]
importeren (ww)	importieren (vt)	[ɪmpɔʁ'ti:ʀən]
import- (abn)	Import-	[ˌɪm'pɔʁt]

uitvoer (export)	Export (m)	[ɛks'pɔʁt]
exporteur (de)	Exporteur (m)	[ɛkspɔʁ'tø:ɐ]
exporteren (ww)	exportieren (vt)	[ˌɛkspɔʁ'ti:ʀən]
uitvoer- (bijv., ~goederen)	Export-	[ɛks'pɔʁt]

| goederen (mv.) | Waren (pl) | ['va:ʀən] |
| partij (de) | Partie (f), Ladung (f) | [paʁ'ti:], ['la:dʊŋ] |

gewicht (het)	Gewicht (n)	[gə'vɪçt]
volume (het)	Volumen (n)	[vo'lu:mən]
kubieke meter (de)	Kubikmeter (m)	[ku'bi:kˌme:tɐ]

producent (de)	Hersteller (m)	['he:ɐˌʃtɛlɐ]
transportbedrijf (de)	Transportunternehmen (n)	[tʀans'pɔʁt·ʊntɐ'ne:mən]
container (de)	Container (m)	[ˌkɔn'tɛɪnɐ]

grens (de)	Grenze (f)	['gʀɛntsə]
douane (de)	Zollamt (n)	['tsɔlˌʔamt]
douanerecht (het)	Zoll (m)	[tsɔl]
douanier (de)	Zollbeamter (m)	['tsɔl·bəˌʔamtɐ]
smokkelen (het)	Schmuggel (m)	['ʃmʊgəl]
smokkelwaar (de)	Schmuggelware (f)	['ʃmʊgəlˌva:ʀə]

75. Financiën

aandeel (het)	Aktie (f)	['aktsiə]
obligatie (de)	Obligation (f)	[ɔbliga'tsjo:n]
wissel (de)	Wechsel (m)	['vɛksəl]

| beurs (de) | Börse (f) | ['bœʁzə] |
| aandelenkoers (de) | Aktienkurs (m) | ['aktsiən·kʊʁs] |

| dalen (ww) | billiger werden | ['bɪlɪgɐ 've:ɐdən] |
| stijgen (ww) | teuer werden | ['tɔɪɐ 've:ɐdən] |

deel (het)	Anteil (m)	['anˌtaɪl]
meerderheidsbelang (het)	Mehrheitsbeteiligung (f)	['me:ɐhaɪts·bə'taɪlɪgʊŋ]
investeringen (mv.)	Investitionen (pl)	[ɪnvɛsti'tsjo:nən]
investeren (ww)	investieren (vt)	[ɪnvɛs'ti:ʀən]

procent (het)	Prozent (n)	[pʀoˈtsɛnt]
rente (de)	Zinsen (pl)	[ˈtsɪnzən]

winst (de)	Gewinn (m)	[gəˈvɪn]
winstgevend (bn)	gewinnbringend	[gəˈvɪnˌbʀɪŋənt]
belasting (de)	Steuer (f)	[ˈʃtɔɪɐ]

valuta (vreemde ~)	Währung (f)	[ˈvɛːʀʊŋ]
nationaal (bn)	Landes-	[ˈlandəs]
ruil (de)	Geldumtausch (m)	[ˈgɛltˌʊmtauʃ]

boekhouder (de)	Buchhalter (m)	[ˈbuːχˌhaltɐ]
boekhouding (de)	Buchhaltung (f)	[ˈbuːχˌhaltʊŋ]

bankroet (het)	Bankrott (m)	[baŋˈkʀɔt]
ondergang (de)	Zusammenbruch (m)	[tsuˈzamənˌbʀʊχ]
faillissement (het)	Pleite (f)	[ˈplaɪtə]
geruïneerd zijn (ww)	pleite gehen	[ˈplaɪtə ˈgeːən]
inflatie (de)	Inflation (f)	[ɪnflaˈtsjoːn]
devaluatie (de)	Abwertung (f)	[ˈapˌveːɐtʊŋ]

kapitaal (het)	Kapital (n)	[kapiˈtaːl]
inkomen (het)	Einkommen (n)	[ˈaɪnˌkɔmən]
omzet (de)	Umsatz (m)	[ˈʊmˌzats]
middelen (mv.)	Mittel (pl)	[ˈmɪtəl]
financiële middelen (mv.)	Geldmittel (pl)	[ˈgɛltˌmɪtəl]

operationele kosten (mv.)	Gemeinkosten (pl)	[gəˈmaɪnˌkɔstən]
reduceren (kosten ~)	reduzieren (vt)	[ʀeduˈtsiːʀən]

76. Marketing

marketing (de)	Marketing (n)	[ˈmaʁkətɪŋ]
markt (de)	Markt (m)	[maʁkt]
marktsegment (het)	Marktsegment (n)	[ˈmaʁktzɛˈgmɛnt]
product (het)	Produkt (n)	[pʀoˈdʊkt]
goederen (mv.)	Waren (pl)	[ˈvaːʀən]

merk (het)	Schutzmarke (f)	[ˈʃʊtsˌmaʁkə]
handelsmerk (het)	Handelsmarke (f)	[ˈhandəlsˌmaʁkə]
beeldmerk (het)	Firmenzeichen (n)	[ˈfɪʁmənˌtsaɪçən]
logo (het)	Logo (m, n)	[ˈloːgo]
vraag (de)	Nachfrage (f)	[ˈnaːχˌfʀaːgə]
aanbod (het)	Angebot (n)	[ˈangəˌboːt]
behoefte (de)	Bedürfnis (n)	[bəˈdʏʁfnɪs]
consument (de)	Verbraucher (m)	[fɛɐˈbʀauχɐ]

analyse (de)	Analyse (f)	[anaˈlyːzə]
analyseren (ww)	analysieren (vt)	[ˌanalyːˈziːʀən]
positionering (de)	Positionierung (f)	[pozitsjoˈniːʀʊŋ]
positioneren (ww)	positionieren (vt)	[pozitsjoˈniːʀən]
prijs (de)	Preis (m)	[pʀaɪs]
prijspolitiek (de)	Preispolitik (f)	[ˈpʀaɪsˌpoliˈtɪk]
prijsvorming (de)	Preisbildung (f)	[ˈpʀaɪsˌbɪldʊŋ]

77. Reclame

reclame (de)	**Werbung** (f)	['vɛʁbʊŋ]
adverteren (ww)	**werben** (vt)	['vɛʁbən]
budget (het)	**Budget** (n)	[byˈdʒeː]

advertentie, reclame (de)	**Werbeanzeige** (f)	['vɛʁbəʔanˌtsaɪɡə]
TV-reclame (de)	**Fernsehwerbung** (f)	['fɛʁnzeːˌvɛʁbʊŋ]
radioreclame (de)	**Radiowerbung** (f)	['ʁaːdɪoˌvɛʁbʊŋ]
buitenreclame (de)	**Außenwerbung** (f)	['aʊsənˌvɛʁbʊŋ]

massamedia (de)	**Massenmedien** (pl)	['masənˌmeːdɪən]
periodiek (de)	**Zeitschrift** (f)	['tsaɪtʃʁɪft]
imago (het)	**Image** (n)	['ɪmɪdʒ]

slagzin (de)	**Losung** (f)	['loːzʊŋ]
motto (het)	**Motto** (n)	['mɔto]

campagne (de)	**Kampagne** (f)	[kam'panjə]
reclamecampagne (de)	**Werbekampagne** (f)	['vɛʁbə·kam'panjə]
doelpubliek (het)	**Zielgruppe** (f)	['tsiːlˌɡʁʊpə]

visitekaartje (het)	**Visitenkarte** (f)	[viˈziːtənˌkaʁtə]
flyer (de)	**Flugblatt** (n)	['fluːkˌblat]
brochure (de)	**Broschüre** (f)	[bʁɔˈʃyːʁə]
folder (de)	**Faltblatt** (n)	['faltˌblat]
nieuwsbrief (de)	**Informationsblatt** (n)	[ɪnfɔʁmaˈtsjoːnsˌblat]

gevelreclame (de)	**Firmenschild** (n)	['fɪʁmənʃɪlt]
poster (de)	**Plakat** (n)	[plaˈkaːt]
aanplakbord (het)	**Werbeschild** (n)	['vɛʁbəʃɪlt]

78. Bankieren

bank (de)	**Bank** (f)	[baŋk]
bankfiliaal (het)	**Filiale** (f)	[fiˈlɪaːlə]

bankbediende (de)	**Berater** (m)	[bəˈʁaːtɐ]
manager (de)	**Leiter** (m)	['laɪtɐ]

bankrekening (de)	**Konto** (n)	['kɔnto]
rekeningnummer (het)	**Kontonummer** (f)	['kɔntoˌnʊmɐ]
lopende rekening (de)	**Kontokorrent** (n)	[kɔnto·koˈʁɛnt]
spaarrekening (de)	**Sparkonto** (n)	['ʃpaːɐˌkɔnto]

een rekening openen	**ein Konto eröffnen**	[aɪn 'kɔnto ɛɐ'ʔœfnən]
de rekening sluiten	**das Konto schließen**	[das 'kɔnto 'ʃliːsən]
op rekening storten	**auf ein Konto einzahlen**	[aʊf aɪn 'kɔnto 'aɪnˌtsaːlən]
opnemen (ww)	**abheben** (vt)	['apˌheːbən]

storting (de)	**Einzahlung** (f)	['aɪnˌtsaːlʊŋ]
een storting maken	**eine Einzahlung machen**	['aɪnə 'aɪnˌtsaːlʊŋ 'maxən]
overschrijving (de)	**Überweisung** (f)	[ˌyːbɐˈvaɪzən]

een overschrijving maken	überweisen (vt)	[ˌyːbəˈvaɪzən]
som (de)	Summe (f)	[ˈzʊmə]
Hoeveel?	Wie viel?	[ˈviː fiːl]
handtekening (de)	Unterschrift (f)	[ˈʊntɐˌʃʀɪft]
ondertekenen (ww)	unterschreiben (vt)	[ˌʊntɐˈʃʀaɪbən]
kredietkaart (de)	Kreditkarte (f)	[kʀeˈdiːtˌkaʁtə]
code (de)	Code (m)	[koːt]
kredietkaartnummer (het)	Kreditkartennummer (f)	[kʀeˈdiːtˌkaʁtəˈnʊmɐ]
geldautomaat (de)	Geldautomat (m)	[ˈɡɛltʔaʊtoˌmaːt]
cheque (de)	Scheck (m)	[ʃɛk]
een cheque uitschrijven	einen Scheck schreiben	[ˈaɪnən ʃɛk ˈʃʀaɪbn]
chequeboekje (het)	Scheckbuch (n)	[ˈʃɛkˌbuːχ]
lening, krediet (de)	Darlehen (m)	[ˈdaʁˌleːən]
een lening aanvragen	ein Darlehen beantragen	[aɪn ˈdaʁˌleːən bəˈʔantʀaːɡən]
een lening nemen	ein Darlehen aufnehmen	[aɪn daʁˌleːən ˈaʊfˌneːmən]
een lening verlenen	ein Darlehen geben	[aɪn ˈdaʁˌleːən ˈɡeːbən]
garantie (de)	Sicherheit (f)	[ˈzɪçɐhaɪt]

79. Telefoon. Telefoongesprek

telefoon (de)	Telefon (n)	[teleˈfoːn]
mobieltje (het)	Mobiltelefon (n)	[moˈbiːl·teleˌfoːn]
antwoordapparaat (het)	Anrufbeantworter (m)	[ˈanʀuːfbə·antˌvɔʁtɐ]
bellen (ww)	anrufen (vt)	[ˈanˌʀuːfən]
belletje (telefoontje)	Anruf (m)	[ˈanˌʀuːf]
een nummer draaien	eine Nummer wählen	[ˈaɪnə ˈnʊmɐ ˈvɛːlən]
Hallo!	Hallo!	[haˈloː]
vragen (ww)	fragen (vt)	[ˈfʀaːɡən]
antwoorden (ww)	antworten (vi)	[ˈantˌvɔʁtən]
horen (ww)	hören (vt)	[ˈhøːʀən]
goed (bw)	gut	[ɡuːt]
slecht (bw)	schlecht	[ʃlɛçt]
storingen (mv.)	Störungen (pl)	[ˈʃtøːʀʊŋən]
hoorn (de)	Hörer (m)	[ˈhøːʀɐ]
opnemen (ww)	den Hörer abnehmen	[den ˈhøːʀɐ ˈapˌneːmən]
ophangen (ww)	auflegen (vt)	[ˈaʊfˌleːɡən]
bezet (bn)	besetzt	[bəˈzɛtst]
overgaan (ww)	läuten (vi)	[ˈlɔɪtən]
telefoonboek (het)	Telefonbuch (n)	[teleˈfoːnˌbuːχ]
lokaal (bn)	Orts-	[ɔʁts]
lokaal gesprek (het)	Ortsgespräch	[ɔʁts·ɡəˈʃpʀɛːç]
interlokaal (bn)	Fern-	[ˈfɛʀn]
interlokaal gesprek (het)	Ferngespräch	[ˈfɛʀn·ɡəˈʃpʀɛːç]
buitenlands (bn)	Auslands-	[ˈaʊslants]
buitenlands gesprek (het)	Auslandsgespräch	[ˈaʊslants·ɡəˈʃpʀɛːç]

80. Mobiele telefoon

mobieltje (het)	**Mobiltelefon** (n)	[mo'biːl·teleˌfoːn]
scherm (het)	**Display** (n)	[dɪs'pleː]
toets, knop (de)	**Knopf** (m)	[knɔpf]
simkaart (de)	**SIM-Karte** (f)	['zɪmˌkaʁtə]

batterij (de)	**Batterie** (f)	[batə'ʀiː]
leeg zijn (ww)	**leer sein**	[leːɐ zaɪn]
acculader (de)	**Ladegerät** (n)	['laːdəgə'ʀɛːt]

menu (het)	**Menü** (n)	[me'nyː]
instellingen (mv.)	**Einstellungen** (pl)	['aɪnʃtɛlʊŋən]
melodie (beltoon)	**Melodie** (f)	[melo'diː]
selecteren (ww)	**auswählen** (vt)	['aʊsˌvɛːlən]

rekenmachine (de)	**Rechner** (m)	['ʀɛçnɐ]
voicemail (de)	**Anrufbeantworter** (m)	['anʀuːfbə·antˌvɔʁtɐ]
wekker (de)	**Wecker** (m)	['vɛkɐ]
contacten (mv.)	**Kontakte** (pl)	[kɔn'taktə]

SMS-bericht (het)	**SMS-Nachricht** (f)	[ɛsʔɛm'ʔɛs 'naːxˌʀɪçt]
abonnee (de)	**Teilnehmer** (m)	['taɪlˌneːmɐ]

81. Schrijfbehoeften

balpen (de)	**Kugelschreiber** (m)	['kuːɡəlˌʃʀaɪbɐ]
vulpen (de)	**Federhalter** (m)	['feːdɐˌhaltɐ]

potlood (het)	**Bleistift** (m)	['blaɪˌʃtɪft]
marker (de)	**Faserschreiber** (m)	['faːzɐˌʃʀaɪbɐ]
viltstift (de)	**Filzstift** (m)	['fɪltsˌʃtɪft]

notitieboekje (het)	**Notizblock** (m)	[noˈtiːtsˌblɔk]
agenda (boekje)	**Terminkalender** (m)	[tɛʁ'miːn·kaˌlɛndɐ]

liniaal (de/het)	**Lineal** (n)	[lineˈaːl]
rekenmachine (de)	**Rechner** (m)	['ʀɛçnɐ]
gom (de)	**Radiergummi** (m)	[ʀaˈdiːɐˌɡumi]
punaise (de)	**Reißzwecke** (f)	['ʀaɪs·tsvɛkə]
paperclip (de)	**Heftklammer** (f)	['hɛftˌklamɐ]

lijm (de)	**Klebstoff** (m)	['kleːpˌʃtɔf]
nietmachine (de)	**Hefter** (m)	['hɛftɐ]
perforator (de)	**Locher** (m)	['lɔxɐ]
potloodslijper (de)	**Bleistiftspitzer** (m)	['blaɪʃtɪftˌʃpɪtsɐ]

82. Soorten bedrijven

boekhouddiensten (mv.)	**Buchführung** (f)	['buːxˌfyːʀʊŋ]
reclame (de)	**Werbung** (f)	['vɛʁbʊŋ]

reclamebureau (het)	**Werbeagentur** (f)	[ˈvɛʁbəʔagɛnˌtuːɐ]
airconditioning (de)	**Klimaanlagen** (pl)	[ˈkliːmaˌʔanlaːgən]
luchtvaartmaatschappij (de)	**Fluggesellschaft** (f)	[ˈfluːkgəˌzɛlʃaft]

alcoholische dranken (mv.)	**Spirituosen** (pl)	[ʃpiʁiˈtʊoːzən]
antiek (het)	**Antiquitäten** (pl)	[antikviˈtɛːtən]
kunstgalerie (de)	**Kunstgalerie** (f)	[ˈkʊnstɡaləˈʁiː]
audit diensten (mv.)	**Rechnungsprüfung** (f)	[ˈʁɛçnʊŋsˌpʁyːfʊŋ]

banken (mv.)	**Bankwesen** (n)	[ˈbaŋkˌveːzən]
bar (de)	**Bar** (f)	[baːɐ]
schoonheidssalon (de/het)	**Schönheitssalon** (m)	[ˈʃøːnhaɪtsˌzaˈlɔŋ]
boekhandel (de)	**Buchhandlung** (f)	[ˈbuːχˌhandlʊŋ]
bierbrouwerij (de)	**Bierbrauerei** (f)	[ˈbiːɐ·bʁaʊəˌʁaɪ]
zakencentrum (het)	**Bürogebäude** (n)	[byˈʁoːgəˌbɔɪdə]
business school (de)	**Business-Schule** (f)	[ˈbɪznɛs·ˈʃuːlə]

casino (het)	**Kasino** (n)	[kaˈziːno]
bouwbedrijven (mv.)	**Bau** (m)	[ˈbaʊ]
adviesbureau (het)	**Beratung** (f)	[bəˈʁaːtʊŋ]

tandheelkunde (de)	**Stomatologie** (f)	[ʃtomatoloˈgiː]
design (het)	**Design** (n)	[diˈzaɪn]
apotheek (de)	**Apotheke** (f)	[apoˈteːkə]
stomerij (de)	**chemische Reinigung** (f)	[çeːmiʃə ˈʁaɪnɪgʊŋ]
uitzendbureau (het)	**Personalagentur** (f)	[pɛʁzoˈnaːl·agɛnˈtuːɐ]

financiële diensten (mv.)	**Finanzdienstleistungen** (pl)	[fiˈnantsːˈdiːnstˌlaɪstʊŋən]
voedingswaren (mv.)	**Nahrungsmittel** (pl)	[ˈnaːʁʊŋsˌmɪtəl]
uitvaartcentrum (het)	**Bestattungsinstitut** (n)	[bəˈʃtatʊŋsʔɪnstiˌtuːt]
meubilair (het)	**Möbel** (n)	[ˈmøːbəl]
kleding (de)	**Kleidung** (f)	[ˈklaɪdʊŋ]
hotel (het)	**Hotel** (n)	[hoˈtɛl]

ijsje (het)	**Eis** (n)	[aɪs]
industrie (de)	**Industrie** (f)	[ɪndʊsˈtʁiː]
verzekering (de)	**Versicherung** (f)	[fɛɐˈzɪçəʁʊŋ]
Internet (het)	**Internet** (n)	[ˈɪntɛnɛt]
investeringen (mv.)	**Investitionen** (pl)	[ɪnvɛstiˈtsjoːnən]

juwelier (de)	**Juwelier** (m)	[juveˈliːɐ]
juwelen (mv.)	**Juwelierwaren** (pl)	[juveˈliːɐˌvaːʁən]
wasserette (de)	**Wäscherei** (f)	[vɛʃəˈʁaɪ]
juridische diensten (mv.)	**Rechtsberatung** (f)	[ˈʁɛçts·bəˈʁaːtʊŋ]
lichte industrie (de)	**Leichtindustrie** (f)	[ˈlaɪçtʔɪndʊsˌtʁiː]

tijdschrift (het)	**Zeitschrift** (f)	[ˈtsaɪtˌʃʁɪft]
postorderbedrijven (mv.)	**Versandhandel** (m)	[fɛɐˈzantˌhandəl]
medicijnen (mv.)	**Medizin** (f)	[mediˈtsiːn]
bioscoop (de)	**Kino** (n)	[ˈkiːno]
museum (het)	**Museum** (n)	[muˈzeːʊm]

persbureau (het)	**Nachrichtenagentur** (f)	[ˈnaːχʁɪçtənʔagɛnˌtuːɐ]
krant (de)	**Zeitung** (f)	[ˈtsaɪtʊŋ]
nachtclub (de)	**Nachtklub** (m)	[ˈnaχtˌklʊp]
olie (aardolie)	**Erdöl** (n)	[ˈeːɐtˌʔøːl]

koerierdienst (de)	**Kurierdienst** (m)	[ku'ʀiːɐˌdiːnst]
farmacie (de)	**Pharmaindustrie** (f)	['faʁmaʔɪndʊsˌtʀiː]
drukkerij (de)	**Druckindustrie** (f)	[dʀʊk·ɪndʊs'tʀiː]
uitgeverij (de)	**Verlag** (m)	[fɛɐ'laːk]

radio (de)	**Rundfunk** (m)	['ʀʊntfʊŋk]
vastgoed (het)	**Immobilien** (pl)	[ɪmo'biːlɪən]
restaurant (het)	**Restaurant** (n)	[ʀɛsto'ʀaŋ]

bewakingsfirma (de)	**Sicherheitsagentur** (f)	['zɪçɐhaɪts·agɛn'tuːɐ]
sport (de)	**Sport** (m)	[ʃpɔʁt]
handelsbeurs (de)	**Börse** (f)	['bœʁzə]
winkel (de)	**Laden** (m)	['laːdən]
supermarkt (de)	**Supermarkt** (m)	['zuːpɐˌmaʁkt]
zwembad (het)	**Schwimmbad** (n)	['ʃvɪmbaːt]

naaiatelier (het)	**Atelier** (n)	[ate'lieː]
televisie (de)	**Fernsehen** (n)	['fɛʁnˌzeːən]
theater (het)	**Theater** (n)	[te'aːtɐ]
handel (de)	**Handel** (m)	['handəl]
transport (het)	**Transporte** (pl)	[tʀans'pɔʁtə]
toerisme (het)	**Reisen** (pl)	['ʀaɪzən]

dierenarts (de)	**Tierarzt** (m)	['tiːɐˌʔaʁtst]
magazijn (het)	**Warenlager** (n)	['vaːʀənˌlaːgɐ]
afvalinzameling (de)	**Müllabfuhr** (f)	['mʏlˌʔapfuːɐ]

Baan. Business. Deel 2

83. Show. Tentoonstelling

beurs (de)	Ausstellung (f)	['aʊsˌʃtɛlʊŋ]
vakbeurs, handelsbeurs (de)	Handelsausstellung (f)	['handəlsˌaʊsʃtɛlʊŋ]
deelneming (de)	Teilnahme (f)	['taɪlˌnaːmə]
deelnemen (ww)	teilnehmen (vi)	['taɪlˌneːmən]
deelnemer (de)	Teilnehmer (m)	['taɪlˌneːmɐ]
directeur (de)	Direktor (m)	[diˈʀɛktoːɐ]
organisatiecomité (het)	Messeverwaltung (f)	['mɛsə·fɛɐˈvaltʊŋ]
organisator (de)	Organisator (m)	[ɔʀganiˈzaːtoːɐ]
organiseren (ww)	veranstalten (vt)	[fɛɐˈʔanʃtaltən]
deelnemingsaanvraag (de)	Anmeldeformular (n)	['anmɛldə·fɔʀmuˌlaːɐ]
invullen (een formulier ~)	ausfüllen (vt)	['aʊsˌfʏlən]
details (mv.)	Details (pl)	[deˈtaɪs]
informatie (de)	Information (f)	[ɪnfɔʀmaˈtsjoːn]
prijs (de)	Preis (m)	[pʀaɪs]
inclusief (bijv. ~ BTW)	einschließlich	['aɪnʃliːslɪç]
inbegrepen (alles ~)	einschließen (vt)	['aɪnˌʃliːsən]
betalen (ww)	zahlen (vt)	['tsaːlən]
registratietarief (het)	Anmeldegebühr (f)	['anmɛldə·gəˌbyːɐ]
ingang (de)	Eingang (m)	['aɪnˌgaŋ]
paviljoen (het), hal (de)	Pavillon (m)	['pavɪljɔŋ]
registreren (ww)	registrieren (vt)	[ʀegɪsˈtʀiːʀən]
badge, kaart (de)	Namensschild (n)	['naːmənsˌʃɪlt]
beursstand (de)	Stand (m)	[ʃtant]
reserveren (een stand ~)	reservieren (vt)	[ʀezɛʀˈviːʀən]
vitrine (de)	Vitrine (f)	[viˈtʀiːnə]
licht (het)	Strahler (m)	['ʃtʀaːlə]
design (het)	Design (n)	[diˈzaɪn]
plaatsen (ww)	stellen (vt)	['ʃtɛlən]
geplaatst zijn (ww)	gelegen sein	[gəˈleːgən zaɪn]
distributeur (de)	Distributor (m)	[dɪstʀiˈbuːtoːɐ]
leverancier (de)	Lieferant (m)	[ˌliːfəˈʀant]
leveren (ww)	liefern (vt)	['liːfɐn]
land (het)	Land (n)	[lant]
buitenlands (bn)	ausländisch	['aʊsˌlɛndɪʃ]
product (het)	Produkt (n)	[pʀoˈdʊkt]
associatie (de)	Assoziation (f)	[asɔtsiaˈtsjoːn]
conferentiezaal (de)	Konferenzraum (m)	[kɔnfeˈʀɛntsˌʀaʊm]

| congres (het) | Kongress (m) | [kɔŋ'grɛs] |
| wedstrijd (de) | Wettbewerb (m) | ['vɛtbəˌvɛʁp] |

bezoeker (de)	Besucher (m)	[bə'zuːχɐ]
bezoeken (ww)	besuchen (vt)	[bə'zuːχən]
afnemer (de)	Auftraggeber (m)	['aʊftʁaːkˌgeːbɐ]

84. Wetenschap. Onderzoek. Wetenschappers

wetenschap (de)	Wissenschaft (f)	['vɪsənˌʃaft]
wetenschappelijk (bn)	wissenschaftlich	['vɪsənˌʃaftlɪç]
wetenschapper (de)	Wissenschaftler (m)	['vɪsənˌʃaftlɐ]
theorie (de)	Theorie (f)	[teo'ʁiː]

axioma (het)	Axiom (n)	[a'ksiːoːm]
analyse (de)	Analyse (f)	[ana'lyːzə]
analyseren (ww)	analysieren (vt)	[ˌanalyː'ziːʁən]
argument (het)	Argument (n)	[aʁgu'mɛnt]
substantie (de)	Substanz (f)	[zʊps'tants]

hypothese (de)	Hypothese (f)	[ˌhypo'teːzə]
dilemma (het)	Dilemma (n)	[ˌdi'lɛma]
dissertatie (de)	Dissertation (f)	[dɪsɛʁta'tsjoːn]
dogma (het)	Dogma (n)	['dɔgma]

doctrine (de)	Doktrin (f)	[dɔk'tʁiːn]
onderzoek (het)	Forschung (f)	['fɔʁʃʊŋ]
onderzoeken (ww)	forschen (vi)	['fɔʁʃən]
toetsing (de)	Kontrolle (f)	[kɔn'tʁɔlə]
laboratorium (het)	Labor (n)	[la'boːɐ]

methode (de)	Methode (f)	[me'toːdə]
molecule (de/het)	Molekül (n)	[mole'kyːl]
monitoring (de)	Monitoring (n)	['mɔːnitoˌʁɪŋ]
ontdekking (de)	Entdeckung (f)	[ɛnt'dɛkʊŋ]

postulaat (het)	Postulat (n)	[pɔstu'laːt]
principe (het)	Prinzip (n)	[pʁɪn'tsiːp]
voorspelling (de)	Prognose (f)	[pʁo'gnoːzə]
een prognose maken	prognostizieren (vt)	[pʁognɔsti'tsiːʁən]

synthese (de)	Synthese (f)	[zyn'teːzə]
tendentie (de)	Tendenz (f)	[tɛn'dɛnts]
theorema (het)	Theorem (n)	[teo'ʁeːm]

leerstellingen (mv.)	Lehre (f)	['leːʁə]
feit (het)	Tatsache (f)	['taːtˌzaχə]
expeditie (de)	Expedition (f)	[ɛkspedi'tsjoːn]
experiment (het)	Experiment (n)	[ɛkspeʁi'mɛnt]

academicus (de)	Akademiemitglied (n)	[akadeˈmiːˌmɪtˌgliːt]
bachelor (bijv. BA, LLB)	Bachelor (m)	['bɛtʃələ]
doctor (de)	Doktor (m)	['dɔktoːɐ]
universitair docent (de)	Dozent (m)	[do'tsɛnt]

master, magister (de)	**Magister** (m)	[ma'gɪstɐ]
professor (de)	**Professor** (m)	[pʀoˈfɛsoːɐ]

Beroepen en ambachten

85. Zoeken naar werk. Ontslag

baan (de)	**Arbeit** (f), **Stelle** (f)	['aʁbaɪt], ['ʃtɛlə]
werknemers (mv.)	**Belegschaft** (f)	[bə'leːkʃaft]
personeel (het)	**Personal** (n)	[pɛʁzoˈnaːl]
carrière (de)	**Karriere** (f)	[kaˈʁiːeːʁə]
vooruitzichten (mv.)	**Perspektive** (f)	[pɛʁspɛkˈtiːvə]
meesterschap (het)	**Können** (n)	[ˈkœnən]
keuze (de)	**Auswahl** (f)	[ˈaʊsvaːl]
uitzendbureau (het)	**Personalagentur** (f)	[pɛʁzoˈnaːlˈaɡɛnˈtuːɐ]
CV, curriculum vitae (het)	**Lebenslauf** (m)	[ˈleːbənsˌlaʊf]
sollicitatiegesprek (het)	**Vorstellungsgespräch** (n)	[ˈfoːɐʃtɛlʊŋsɡəˌʃpʁɛːç]
vacature (de)	**Vakanz** (f)	[vaˈkants]
salaris (het)	**Gehalt** (n)	[ɡəˈhalt]
vaste salaris (het)	**festes Gehalt** (n)	[ˈfɛstəs ɡəˈhalt]
loon (het)	**Arbeitslohn** (m)	[ˈaʁbaɪtsˌloːn]
betrekking (de)	**Stellung** (f)	[ˈʃtɛlʊŋ]
taak, plicht (de)	**Pflicht** (f), **Aufgabe** (f)	[pflɪçt], [ˈaʊfˌɡaːbə]
takenpakket (het)	**Aufgabenspektrum** (n)	[ˈaʊfˌɡaːbənˈʃpɛktʁʊm]
bezig (~ zijn)	**beschäftigt**	[ˌbəˈʃɛftɪçt]
ontslagen (ww)	**kündigen** (vt)	[ˈkʏndɪɡən]
ontslag (het)	**Kündigung** (f)	[ˈkʏndɪɡʊŋ]
werkloosheid (de)	**Arbeitslosigkeit** (f)	[ˈaʁbaɪtsˌloːzɪçkaɪt]
werkloze (de)	**Arbeitslose** (m)	[ˈaʁbaɪtsˌloːzə]
pensioen (het)	**Rente** (f), **Ruhestand** (m)	[ˈʁɛntə], [ˈʁuːəˌʃtant]
met pensioen gaan	**in Rente gehen**	[ɪn ˈʁɛntə ˈɡeːən]

86. Zakenmensen

directeur (de)	**Direktor** (m)	[diˈʁɛktoːɐ]
beheerder (de)	**Leiter** (m)	[ˈlaɪtə]
hoofd (het)	**Boss** (m)	[bɔs]
baas (de)	**Vorgesetzte** (m)	[ˈfoːɐɡəˌzɛtstə]
superieuren (mv.)	**Vorgesetzten** (pl)	[ˈfoːɐɡəˌzɛtstən]
president (de)	**Präsident** (m)	[pʁɛziˈdɛnt]
voorzitter (de)	**Vorsitzende** (m)	[ˈfoːɐˌzɪtsəndə]
adjunct (de)	**Stellvertreter** (m)	[ˈʃtɛlfɛɐˌtʁeːtə]
assistent (de)	**Helfer** (m)	[ˈhɛlfɐ]

secretaris (de)	**Sekretär** (m)	[zekRe'tɛːɐ]
persoonlijke assistent (de)	**Privatsekretär** (m)	[pRi'vaːt·zekRe'tɛːɐ]
zakenman (de)	**Geschäftsmann** (m)	[gə'ʃɛfts‚man]
ondernemer (de)	**Unternehmer** (m)	[ʊntɐ'neːmɐ]
oprichter (de)	**Gründer** (m)	['gRʏndɐ]
oprichten	**gründen** (vt)	['gRʏndən]
(een nieuw bedrijf ~)		
stichter (de)	**Gründungsmitglied** (n)	['gRʏndʊŋs‚mɪtgliːt]
partner (de)	**Partner** (m)	['paʁtnɐ]
aandeelhouder (de)	**Aktionär** (m)	[aktsjo'nɛːɐ]
miljonair (de)	**Millionär** (m)	[mɪljɔ'nɛːɐ]
miljardair (de)	**Milliardär** (m)	[‚mɪlɪaʁ'dɛːɐ]
eigenaar (de)	**Besitzer** (m)	[bə'zɪtsɐ]
landeigenaar (de)	**Landbesitzer** (m)	['lantbə‚zɪtsɐ]
klant (de)	**Kunde** (m)	['kʊndə]
vaste klant (de)	**Stammkunde** (m)	['ʃtam‚kʊndə]
koper (de)	**Käufer** (m)	['kɔɪfɐ]
bezoeker (de)	**Besucher** (m)	[bə'zuːχɐ]
professioneel (de)	**Fachmann** (m)	['faχ‚man]
expert (de)	**Experte** (m)	[ɛks'pɛʁtə]
specialist (de)	**Spezialist** (m)	[ʃpetsɪa'lɪst]
bankier (de)	**Bankier** (m)	[baŋ'kɪeː]
makelaar (de)	**Makler** (m)	['maːklɐ]
kassier (de)	**Kassierer** (m)	[ka'siːRɐ]
boekhouder (de)	**Buchhalter** (m)	['buːχ‚haltɐ]
bewaker (de)	**Wächter** (m)	['vɛçtɐ]
investeerder (de)	**Investor** (m)	[ɪn'vɛstoːɐ]
schuldenaar (de)	**Schuldner** (m)	['ʃʊldnɐ]
crediteur (de)	**Gläubiger** (m)	['glɔɪbɪgɐ]
lener (de)	**Kreditnehmer** (m)	[kRe'diːt‚neːmɐ]
importeur (de)	**Importeur** (m)	[ɪmpɔʁ'tøːɐ]
exporteur (de)	**Exporteur** (m)	[ɛkspɔʁ'tøːɐ]
producent (de)	**Hersteller** (m)	['heːɐ‚ʃtɛlɐ]
distributeur (de)	**Distributor** (m)	[dɪstRi'buːtoːɐ]
bemiddelaar (de)	**Vermittler** (m)	[fɛɐ'mɪtlɐ]
adviseur, consulent (de)	**Berater** (m)	[bə'Raːtɐ]
vertegenwoordiger (de)	**Vertreter** (m)	[fɛɐ'tRɐːtɐ]
agent (de)	**Agent** (m)	[agɛnt]
verzekeringsagent (de)	**Versicherungsagent** (m)	[fɛɐ'zɪçəRʊŋs·a'gɛnt]

87. Dienstverlenende beroepen

kok (de)	**Koch** (m)	[kɔχ]
chef-kok (de)	**Chefkoch** (m)	['ʃɛf‚kɔχ]

bakker (de)	Bäcker (m)	['bɛkɐ]
barman (de)	Barmixer (m)	['baːɐˌmɪksɐ]
kelner, ober (de)	Kellner (m)	['kɛlnɐ]
serveerster (de)	Kellnerin (f)	['kɛlnəʀɪn]
advocaat (de)	Rechtsanwalt (m)	['ʀɛçtsʔanˌvalt]
jurist (de)	Jurist (m)	[juˈʀɪst]
notaris (de)	Notar (m)	[noˈtaːɐ]
elektricien (de)	Elektriker (m)	[ˌeˈlɛktʀikɐ]
loodgieter (de)	Klempner (m)	['klɛmpnɐ]
timmerman (de)	Zimmermann (m)	['tsɪmɐˌman]
masseur (de)	Masseur (m)	[maˈsøːɐ]
masseuse (de)	Masseurin (f)	[maˈsøːʀɪn]
dokter, arts (de)	Arzt (m)	[aʁtst]
taxichauffeur (de)	Taxifahrer (m)	['taksiˌfaːʀɐ]
chauffeur (de)	Fahrer (m)	['faːʀɐ]
koerier (de)	Ausfahrer (m)	['aʊsˌfaːʀɐ]
kamermeisje (het)	Zimmermädchen (n)	['tsɪmɐˌmɛːtçən]
bewaker (de)	Wächter (m)	['vɛçtɐ]
stewardess (de)	Flugbegleiterin (f)	['fluːkˑbəˌɡlaɪtəʀɪn]
meester (de)	Lehrer (m)	['leːʀɐ]
bibliothecaris (de)	Bibliothekar (m)	[biblioteˌkaːɐ]
vertaler (de)	Übersetzer (m)	[ˌyːbɐˈzɛtsɐ]
tolk (de)	Dolmetscher (m)	['dɔlmɛtʃɐ]
gids (de)	Fremdenführer (m)	['fʀɛmdənˌfyːʀɐ]
kapper (de)	Friseur (m)	[fʀiˈzøːɐ]
postbode (de)	Briefträger (m)	['bʀiːfˌtʀɛːɡɐ]
verkoper (de)	Verkäufer (m)	[fɛɐˈkɔɪfɐ]
tuinman (de)	Gärtner (m)	['ɡɛʁtnɐ]
huisbediende (de)	Diener (m)	['diːnɐ]
dienstmeisje (het)	Magd (f)	[maːkt]
schoonmaakster (de)	Putzfrau (f)	['pʊtsˌfʀaʊ]

88. Militaire beroepen en rangen

soldaat (rang)	einfacher Soldat (m)	['aɪnfaxɐ zɔlˈdaːt]
sergeant (de)	Feldwebel (m)	['fɛltˌveːbəl]
luitenant (de)	Leutnant (m)	['lɔɪtnant]
kapitein (de)	Hauptmann (m)	['haʊptman]
majoor (de)	Major (m)	[maˈjoːɐ]
kolonel (de)	Oberst (m)	['oːbɛst]
generaal (de)	General (m)	[ɡenəˈʀaːl]
maarschalk (de)	Marschall (m)	['maʁʃal]
admiraal (de)	Admiral (m)	[ˌatmiˈʀaːl]
militair (de)	Militärperson (f)	[miliˈtɛːɐˌpɛʁˈzoːn]
soldaat (de)	Soldat (m)	[zɔlˈdaːt]

officier (de)	Offizier (m)	[ɔfi'tsiːɐ]
commandant (de)	Kommandeur (m)	[kɔman'døːɐ]

grenswachter (de)	Grenzsoldat (m)	['grɛnts·zɔl‚daːt]
marconist (de)	Funker (m)	['fuŋkɐ]
verkenner (de)	Aufklärer (m)	['aʊfˌklɛːʀɐ]
sappeur (de)	Pionier (m)	[pɪo'niːɐ]
schutter (de)	Schütze (m)	['ʃʏtsə]
stuurman (de)	Steuermann (m)	['ʃtɔɪɐˌman]

89. Ambtenaren. Priesters

koning (de)	König (m)	['køːnɪç]
koningin (de)	Königin (f)	['køːnɪgɪn]

prins (de)	Prinz (m)	[pʀɪnts]
prinses (de)	Prinzessin (f)	[pʀɪn'tsɛsɪn]

tsaar (de)	Zar (m)	[tsaːɐ]
tsarina (de)	Zarin (f)	['tsaːʀɪn]

president (de)	Präsident (m)	[pʀɛzi'dɛnt]
minister (de)	Minister (m)	[mi'nɪstɐ]
eerste minister (de)	Ministerpräsident (m)	[mi'nɪstɐ·pʀɛziˌdɛnt]
senator (de)	Senator (m)	[ze'naːtoːɐ]

diplomaat (de)	Diplomat (m)	[ˌdiplo'maːt]
consul (de)	Konsul (m)	['kɔnzʊl]
ambassadeur (de)	Botschafter (m)	['boːtˌʃaftɐ]
adviseur (de)	Ratgeber (m)	['ʀaːtˌgeːbɐ]

ambtenaar (de)	Beamte (m)	[bə'ʔamtə]
prefect (de)	Präfekt (m)	[pʀɛ'fɛkt]
burgemeester (de)	Bürgermeister (m)	['bʏʀgɐˌmaɪstɐ]

rechter (de)	Richter (m)	['ʀɪçtɐ]
aanklager (de)	Staatsanwalt (m)	['ʃtaːts?anˌvalt]

missionaris (de)	Missionar (m)	[ˌmɪsjo'naːɐ]
monnik (de)	Mönch (m)	[mœnç]
abt (de)	Abt (m)	[apt]
rabbi, rabbijn (de)	Rabbiner (m)	[ʀa'biːnɐ]

vizier (de)	Wesir (m)	[ve'ziːɐ]
sjah (de)	Schah (n)	[ʃaχ]
sjeik (de)	Scheich (m)	[ʃaɪç]

90. Agrarische beroepen

imker (de)	Bienenzüchter (m)	['biːnənˌtsʏçtɐ]
herder (de)	Hirt (m)	[hɪʀt]
landbouwkundige (de)	Agronom (m)	[agʀo'noːm]

veehouder (de)	Viehzüchter (m)	['fi:ˌtsʏçtɐ]
dierenarts (de)	Tierarzt (m)	['tiːɐˌʔaʁtst]
landbouwer (de)	Farmer (m)	['faʁmɐ]
wijnmaker (de)	Winzer (m)	['vɪntsɐ]
zoöloog (de)	Zoologe (m)	[tsoo'loːgə]
cowboy (de)	Cowboy (m)	['kaʊbɔɪ]

91. Kunst beroepen

acteur (de)	Schauspieler (m)	['ʃaʊˌʃpiːlɐ]
actrice (de)	Schauspielerin (f)	['ʃaʊˌʃpiːlərɪn]
zanger (de)	Sänger (m)	['zɛŋɐ]
zangeres (de)	Sängerin (f)	['zɛŋərɪn]
danser (de)	Tänzer (m)	['tɛntsɐ]
danseres (de)	Tänzerin (f)	['tɛntsərɪn]
artiest (mann.)	Künstler (m)	['kʏnstlɐ]
artiest (vrouw.)	Künstlerin (f)	['kʏnstlərɪn]
muzikant (de)	Musiker (m)	['muːzikɐ]
pianist (de)	Pianist (m)	[pɪa'nɪst]
gitarist (de)	Gitarrist (m)	[gita'ʁɪst]
orkestdirigent (de)	Dirigent (m)	[ˌdiʁi'gɛnt]
componist (de)	Komponist (m)	[ˌkɔmpo'nɪst]
impresario (de)	Manager (m)	['mɛnɪdʒɐ]
filmregisseur (de)	Regisseur (m)	[ʁeʒɪ'søːɐ]
filmproducent (de)	Produzent (m)	[pʁodu'tsɛnt]
scenarioschrijver (de)	Drehbuchautor (m)	['dʁeːbuːxˌʔaʊtoːɐ]
criticus (de)	Kritiker (m)	['kʁiːtɪkɐ]
schrijver (de)	Schriftsteller (m)	['ʃʁɪftˌʃtɛlɐ]
dichter (de)	Dichter (m)	['dɪçtɐ]
beeldhouwer (de)	Bildhauer (m)	['bɪltˌhaʊɐ]
kunstenaar (de)	Maler (m)	['maːlɐ]
jongleur (de)	Jongleur (m)	[ʒɔŋ'gløːɐ]
clown (de)	Clown (m)	[klaʊn]
acrobaat (de)	Akrobat (m)	[akʁo'baːt]
goochelaar (de)	Zauberkünstler (m)	['tsaʊbɐˌkʏnstlɐ]

92. Verschillende beroepen

dokter, arts (de)	Arzt (m)	[aʁtst]
ziekenzuster (de)	Krankenschwester (f)	[kʁaŋkənˌʃvɛstɐ]
psychiater (de)	Psychiater (m)	[psyˈçɪaːtɐ]
tandarts (de)	Zahnarzt (m)	['tsaːnˌʔaʁtst]
chirurg (de)	Chirurg (m)	[çiˈʁʊʁk]

astronaut (de)	**Astronaut** (m)	[astʀo'naʊt]
astronoom (de)	**Astronom** (m)	[astʀo'noːm]
piloot (de)	**Pilot** (m)	[pi'loːt]
chauffeur (de)	**Fahrer** (m)	['faːʀɐ]
machinist (de)	**Lokführer** (m)	['lɔkˌfyːʀɐ]
mecanicien (de)	**Mechaniker** (m)	[me'çaːnikɐ]
mijnwerker (de)	**Bergarbeiter** (m)	['bɛʀkʔaʀˌbaɪtɐ]
arbeider (de)	**Arbeiter** (m)	['aʀbaɪtɐ]
bankwerker (de)	**Schlosser** (m)	['ʃlɔsɐ]
houtbewerker (de)	**Tischler** (m)	['tɪʃlɐ]
draaier (de)	**Dreher** (m)	['dʀeːɐ]
bouwvakker (de)	**Bauarbeiter** (m)	['baʊʔaʀˌbaɪtɐ]
lasser (de)	**Schweißer** (m)	['ʃvaɪsɐ]
professor (de)	**Professor** (m)	[pʀo'fɛsoːɐ]
architect (de)	**Architekt** (m)	[aʀçi'tɛkt]
historicus (de)	**Historiker** (m)	[hɪs'toːʀikɐ]
wetenschapper (de)	**Wissenschaftler** (m)	['vɪsənˌʃaftlɐ]
fysicus (de)	**Physiker** (m)	['fyːzikɐ]
scheikundige (de)	**Chemiker** (m)	['çeːmikɐ]
archeoloog (de)	**Archäologe** (m)	[aʀçeo'loːgə]
geoloog (de)	**Geologe** (m)	[geo'loːgə]
onderzoeker (de)	**Forscher** (m)	['fɔʀʃɐ]
babysitter (de)	**Kinderfrau** (f)	['kɪndɐˌfʀaʊ]
leraar, pedagoog (de)	**Lehrer** (m)	['leːʀɐ]
redacteur (de)	**Redakteur** (m)	[ʀedak'tøːɐ]
chef-redacteur (de)	**Chefredakteur** (m)	['ʃɛfˈʀedakˌtøːɐ]
correspondent (de)	**Korrespondent** (m)	[kɔʀɛspɔn'dɛnt]
typiste (de)	**Schreibkraft** (f)	['ʃʀaɪpˌkʀaft]
designer (de)	**Designer** (m)	[di'zaɪnɐ]
computerexpert (de)	**Computerspezialist** (m)	[kɔm'pjuːtɐˈʃpetsɪa'lɪst]
programmeur (de)	**Programmierer** (m)	[pʀogʀa'miːʀɐ]
ingenieur (de)	**Ingenieur** (m)	[ɪnʒe'nɪøːɐ]
matroos (de)	**Seemann** (m)	['zeːman]
zeeman (de)	**Matrose** (m)	[ma'tʀoːzə]
redder (de)	**Retter** (m)	['ʀɛtɐ]
brandweerman (de)	**Feuerwehrmann** (m)	['fɔɪevɐˈeˌman]
politieagent (de)	**Polizist** (m)	[poli'tsɪst]
nachtwaker (de)	**Nachtwächter** (m)	['naxtˌvɛçtɐ]
detective (de)	**Detektiv** (m)	[detɛk'tiːf]
douanier (de)	**Zollbeamter** (m)	['tsɔlˈbəˌʔamtɐ]
lijfwacht (de)	**Leibwächter** (m)	['laɪpˌvɛçtɐ]
gevangenisbewaker (de)	**Gefängniswärter** (m)	[gə'fɛŋnɪsˈvɛʀtɐ]
inspecteur (de)	**Inspektor** (m)	[ɪn'spɛktoːɐ]
sportman (de)	**Sportler** (m)	['ʃpɔʀtlɐ]
trainer (de)	**Trainer** (m)	['tʀɛːnɐ]

slager, beenhouwer (de)	Fleischer (m)	['flaɪʃɐ]
schoenlapper (de)	Schuster (m)	['ʃuːstɐ]
handelaar (de)	Geschäftsmann (m)	[gə'ʃɛfts‚man]
lader (de)	Ladearbeiter (m)	['laːdəˌaʁbaɪtɐ]

| kledingstilist (de) | Modedesigner (m) | ['moːdə-di'zaɪnɐ] |
| model (het) | Modell (n) | [mo'dɛl] |

93. Beroepen. Sociale status

| scholier (de) | Schüler (m) | ['ʃyːlɐ] |
| student (de) | Student (m) | [ʃtu'dɛnt] |

filosoof (de)	Philosoph (m)	[filo'zoːf]
econoom (de)	Ökonom (m)	[øko'noːm]
uitvinder (de)	Erfinder (m)	[ɛɐ'fɪndɐ]

werkloze (de)	Arbeitslose (m)	['aʁbaɪtsˌloːzə]
gepensioneerde (de)	Rentner (m)	['ʀɛntnɐ]
spion (de)	Spion (m)	[ʃpi'oːn]

gedetineerde (de)	Gefangene (m)	[gə'faŋənə]
staker (de)	Streikender (m)	['ʃtʀaɪkəndɐ]
bureaucraat (de)	Bürokrat (m)	[ˌbyʀo'kʀaːt]
reiziger (de)	Reisende (m)	['ʀaɪzəndə]

homoseksueel (de)	Homosexuelle (m)	[homozɛ'ksuɛlə]
hacker (computerkraker)	Hacker (m)	['hɛkɐ]
hippie (de)	Hippie (m)	['hɪpi]

bandiet (de)	Bandit (m)	[ban'diːt]
huurmoordenaar (de)	Killer (m)	['kɪlɐ]
drugsverslaafde (de)	Drogenabhängiger (m)	['dʀoːgənˌʔaphɛŋɪgɐ]
drugshandelaar (de)	Drogenhändler (m)	['dʀoːgənˌhɛndlɐ]
prostituee (de)	Prostituierte (f)	[ˌpʀostitu'iːɐtə]
pooier (de)	Zuhälter (m)	['tsuːˌhɛltɐ]

tovenaar (de)	Zauberer (m)	['tsaʊbəʀɐ]
tovenares (de)	Zauberin (f)	['tsaʊbəʀɪn]
piraat (de)	Seeräuber (m)	['zeːˌʀɔɪbɐ]
slaaf (de)	Sklave (m)	['sklaːvə]
samoerai (de)	Samurai (m)	[zamu'ʀaɪ]
wilde (de)	Wilde (m)	['vɪldə]

Onderwijs

94. School

Nederlands	Duits	Uitspraak
school (de)	Schule (f)	['ʃuːlə]
schooldirecteur (de)	Schulleiter (m)	['ʃuːlˌlaɪtə]
leerling (de)	Schüler (m)	['ʃyːlɐ]
leerlinge (de)	Schülerin (f)	['ʃyːləʀɪn]
scholier (de)	Schuljunge (m)	['ʃuːlˌjʊŋə]
scholiere (de)	Schulmädchen (f)	['ʃuːlˌmɛːtçən]
leren (lesgeven)	lehren (vt)	['leːʀən]
studeren (bijv. een taal ~)	lernen (vt)	['lɛʀnən]
van buiten leren	auswendig lernen	['aʊsˌvɛndɪç 'lɛʀnən]
leren (bijv. ~ tellen)	lernen (vi)	['lɛʀnən]
in school zijn (schooljongen zijn)	in der Schule sein	[ɪn deːɐ 'ʃuːlə zaɪn]
naar school gaan	die Schule besuchen	[di 'ʃuːlə bə'zuːxən]
alfabet (het)	Alphabet (n)	[alfa'beːt]
vak (schoolvak)	Fach (n)	[fax]
klaslokaal (het)	Klassenraum (m)	['klasənˌʀaʊm]
les (de)	Stunde (f)	['ʃtʊndə]
pauze (de)	Pause (f)	['paʊzə]
bel (de)	Schulglocke (f)	['ʃuːlˌglɔkə]
schooltafel (de)	Schulbank (f)	['ʃuːlˌbaŋk]
schoolbord (het)	Tafel (f)	['taːfəl]
cijfer (het)	Note (f)	['noːtə]
goed cijfer (het)	gute Note (f)	['guːtə 'noːtə]
slecht cijfer (het)	schlechte Note (f)	['ʃlɛçtə 'noːtə]
een cijfer geven	eine Note geben	['aɪnə 'noːtə 'geːbən]
fout (de)	Fehler (m)	['feːlɐ]
fouten maken	Fehler machen	['feːlɐ 'maxən]
corrigeren (fouten ~)	korrigieren (vt)	[kɔʀi'giːʀən]
spiekbriefje (het)	Spickzettel (m)	['ʃpɪkˌtsɛtəl]
huiswerk (het)	Hausaufgabe (f)	['haʊsʔaʊfˌgaːbə]
oefening (de)	Übung (f)	['yːbʊŋ]
aanwezig zijn (ww)	anwesend sein	['anˌveːzənt zaɪn]
absent zijn (ww)	fehlen (vi)	['feːlən]
school verzuimen	versäumen (vt)	[fɛɐ'zɔɪmən]
bestraffen (een stout kind ~)	bestrafen (vt)	[bə'ʃtʀaːfən]
bestraffing (de)	Strafe (f)	['ʃtʀaːfə]

gedrag (het)	Benehmen (n)	[bə'ne:mən]
cijferlijst (de)	Zeugnis (n)	['tsɔɪknɪs]
potlood (het)	Bleistift (m)	['blaɪˌʃtɪft]
gom (de)	Radiergummi (m)	[ʀa'di:ɐˌgʊmi]
krijt (het)	Kreide (f)	['kʀaɪdə]
pennendoos (de)	Federkasten (m)	['fe:dɐˌkastən]

boekentas (de)	Schulranzen (m)	['ʃu:lˌʀantsən]
pen (de)	Kugelschreiber, Stift (m)	['ku:gəlˌʃʀaɪbɐ], [ʃtɪft]
schrift (de)	Heft (n)	[hɛft]
leerboek (het)	Lehrbuch (n)	['le:ɐˌbu:χ]
passer (de)	Zirkel (m)	['tsɪʀkəl]

| technisch tekenen (ww) | zeichnen (vt) | ['tsaɪçnən] |
| technische tekening (de) | Zeichnung (f) | ['tsaɪçnʊŋ] |

gedicht (het)	Gedicht (n)	[gə'dɪçt]
van buiten (bw)	auswendig	['aʊsˌvɛndɪç]
van buiten leren	auswendig lernen	['aʊsˌvɛndɪç 'lɛʀnən]

vakantie (de)	Ferien (pl)	['fe:ʀɪən]
met vakantie zijn	in den Ferien sein	[ɪn den 'fe:ʀɪən zaɪn]
vakantie doorbrengen	Ferien verbringen	['fe:ʀɪən fɛɐ'bʀɪŋən]

toets (schriftelijke ~)	Test (m), Prüfung (f)	[tɛst], ['pʀy:fʊŋ]
opstel (het)	Aufsatz (m)	['aʊfˌzats]
dictee (het)	Diktat (n)	[dɪk'ta:t]
examen (het)	Prüfung (f)	['pʀy:fʊŋ]
examen afleggen	Prüfungen ablegen	['pʀy:fʊŋən 'apˌle:gən]
experiment (het)	Experiment (n)	[ɛkspeʀi'mɛnt]

95. Hogeschool. Universiteit

academie (de)	Akademie (f)	[akade'mi:]
universiteit (de)	Universität (f)	[univɛʀzi'tɛ:t]
faculteit (de)	Fakultät (f)	[fakʊl'tɛ:t]

student (de)	Student (m)	[ʃtu'dɛnt]
studente (de)	Studentin (f)	[ʃtu'dɛntɪn]
leraar (de)	Lehrer (m)	['le:ʀɐ]

| collegezaal (de) | Hörsaal (m) | ['hø:ɐˌza:l] |
| afgestudeerde (de) | Hochschulabsolvent (m) | ['ho:χʃu:lʔapzɔlˌvɛnt] |

| diploma (het) | Diplom (n) | [di'plo:m] |
| dissertatie (de) | Dissertation (f) | [dɪsɛʀta'tsjo:n] |

| onderzoek (het) | Forschung (f) | ['fɔʀʃʊŋ] |
| laboratorium (het) | Labor (n) | [la'bo:ɐ] |

college (het)	Vorlesung (f)	['fo:ɐˌle:zʊŋ]
medestudent (de)	Kommilitone (m)	[ˌkɔmili'to:nə]
studiebeurs (de)	Stipendium (n)	[ʃti'pɛndɪʊm]
academische graad (de)	akademischer Grad (m)	[aka'de:mɪʃɐ gʀa:t]

96. Wetenschappen. Disciplines

wiskunde (de)	Mathematik (f)	[matema'ti:k]
algebra (de)	Algebra (f)	['algebʀa]
meetkunde (de)	Geometrie (f)	[ˌgeome'tʀi:]
astronomie (de)	Astronomie (f)	[astʀono'mi:]
biologie (de)	Biologie (f)	[ˌbiolo'gi:]
geografie (de)	Erdkunde (f)	['e:ɐtˌkʊndə]
geologie (de)	Geologie (f)	[ˌgeolo'gi:]
geschiedenis (de)	Geschichte (f)	[gə'ʃɪçtə]
geneeskunde (de)	Medizin (f)	[medi'tsi:n]
pedagogiek (de)	Pädagogik (f)	[pɛda'go:gɪk]
rechten (mv.)	Recht (n)	[ʀɛçt]
fysica, natuurkunde (de)	Physik (f)	[fy'zi:k]
scheikunde (de)	Chemie (f)	[çe'mi:]
filosofie (de)	Philosophie (f)	[filozo'fi:]
psychologie (de)	Psychologie (f)	[psyçolo'gi:]

97. Schrift. Spelling

grammatica (de)	Grammatik (f)	[gʀa'matɪk]
vocabulaire (het)	Lexik (f)	['lɛksɪk]
fonetiek (de)	Phonetik (f)	[fo:'ne:tɪk]
zelfstandig naamwoord (het)	Substantiv (n)	['zʊpstanti:f]
bijvoeglijk naamwoord (het)	Adjektiv (n)	['atjɛkti:f]
werkwoord (het)	Verb (n)	[vɛʁp]
bijwoord (het)	Adverb (n)	[at'vɛʁp]
voornaamwoord (het)	Pronomen (n)	[pʀo'no:mən]
tussenwerpsel (het)	Interjektion (f)	[ˌɪntəjɛk'tsjo:n]
voorzetsel (het)	Präposition (f)	[pʀɛpozi'tsjo:n]
stam (de)	Wurzel (f)	['vʊʁtsəl]
achtervoegsel (het)	Endung (f)	['ɛndʊŋ]
voorvoegsel (het)	Vorsilbe (f)	['fo:ɐˌzɪlbə]
lettergreep (de)	Silbe (f)	['zɪlbə]
achtervoegsel (het)	Suffix (n), Nachsilbe (f)	['zʊfɪks], ['na:xˌzɪlbə]
nadruk (de)	Betonung (f)	[bə'to:nʊŋ]
afkappingsteken (het)	Apostroph (m)	[apo'stʀo:f]
punt (de)	Punkt (m)	[pʊŋkt]
komma (de/het)	Komma (n)	['kɔma]
puntkomma (de)	Semikolon (n)	[zemi'ko:lɔn]
dubbelpunt (de)	Doppelpunkt (m)	['dɔpəlˌpʊŋkt]
beletselteken (het)	Auslassungspunkte (pl)	['aʊslasʊŋsˌpʊŋktə]
vraagteken (het)	Fragezeichen (n)	['fʀa:gəˌtsaɪçən]
uitroepteken (het)	Ausrufezeichen (n)	['aʊsʀu:fəˌtsaɪçən]

aanhalingstekens (mv.)	Anführungszeichen (pl)	['anfy:ʀʊŋs̩tsaɪçən]
tussen aanhalingstekens (bw)	in Anführungszeichen	[ɪn 'anfy:ʀʊŋs̩tsaɪçən]
haakjes (mv.)	runde Klammern (pl)	['ʀʊndə 'klamɐn]
tussen haakjes (bw)	in Klammern	[ɪn 'klamɐn]
streepje (het)	Bindestrich (m)	['bɪndəˌʃtʀɪç]
gedachtestreepje (het)	Gedankenstrich (m)	[gə'daŋkənˌʃtʀɪç]
spatie	Leerzeichen (n)	['le:ɐ̯ˌtsaɪçən]
(~ tussen twee woorden)		
letter (de)	Buchstabe (m)	['bu:χˌʃta:bə]
hoofdletter (de)	Großbuchstabe (m)	['gʀo:sbu:χˌʃta:bə]
klinker (de)	Vokal (m)	[vo'ka:l]
medeklinker (de)	Konsonant (m)	[ˌkɔnzo'nant]
zin (de)	Satz (m)	[zats]
onderwerp (het)	Subjekt (n)	['zʊpjɛkt]
gezegde (het)	Prädikat (n)	[pʀɛdi'ka:t]
regel (in een tekst)	Zeile (f)	['tsaɪlə]
op een nieuwe regel (bw)	in einer neuen Zeile	[ɪn 'aɪnɐ 'nɔɪən 'tsaɪlə]
alinea (de)	Absatz (m)	['apˌzats]
woord (het)	Wort (n)	[vɔʀt]
woordgroep (de)	Wortverbindung (f)	['vɔʀtfɛɐ̯ˌbɪndʊŋ]
uitdrukking (de)	Redensart (f)	['ʀe:dənsˌʔa:ɐ̯t]
synoniem (het)	Synonym (n)	[zyno'ny:m]
antoniem (het)	Antonym (n)	[anto'ny:m]
regel (de)	Regel (f)	['ʀe:gəl]
uitzondering (de)	Ausnahme (f)	['aʊsˌna:mə]
correct (bijv. ~e spelling)	richtig	['ʀɪçtɪç]
vervoeging, conjugatie (de)	Konjugation (f)	[ˌkɔnjuga'tsjo:n]
verbuiging, declinatie (de)	Deklination (f)	[ˌdeklina'tsjo:n]
naamval (de)	Kasus (m)	['ka:zʊs]
vraag (de)	Frage (f)	['fʀa:gə]
onderstrepen (ww)	unterstreichen (vt)	[ˌʊntɐ'ʃtʀaɪçən]
stippellijn (de)	punktierte Linie (f)	[pʊŋk'ti:ɐtə 'li:nɪə]

98. Vreemde talen

taal (de)	Sprache (f)	['ʃpʀa:χə]
vreemd (bn)	Fremd-	['fʀɛmt]
vreemde taal (de)	Fremdsprache (f)	['fʀɛmtˌʃpʀa:χə]
leren (bijv. van buiten ~)	studieren (vt)	[ʃtu'di:ʀən]
studeren (Nederlands ~)	lernen (vt)	['lɛʀnən]
lezen (ww)	lesen (vi, vt)	['le:zən]
spreken (ww)	sprechen (vi, vt)	['ʃpʀɛçən]
begrijpen (ww)	verstehen (vt)	[fɛɐ̯'ʃte:ən]
schrijven (ww)	schreiben (vi, vt)	['ʃʀaɪbən]
snel (bw)	schnell	[ʃnɛl]

langzaam (bw)	langsam	['laŋzaːm]
vloeiend (bw)	fließend	['fliːsənt]
regels (mv.)	Regeln (pl)	['ʀeːgəln]
grammatica (de)	Grammatik (f)	[gʀa'matɪk]
vocabulaire (het)	Vokabular (n)	[vokabu'laːɐ̯]
fonetiek (de)	Phonetik (f)	[foː'neːtɪk]
leerboek (het)	Lehrbuch (n)	['leːɐ̯ˌbuːχ]
woordenboek (het)	Wörterbuch (n)	['vœʁtɐˌbuːχ]
leerboek (het) voor zelfstudie	Selbstlernbuch (n)	['zɛlpstˌlɛʁnbuːχ]
taalgids (de)	Sprachführer (m)	['ʃpʀaːχˌfyːʀɐ]
cassette (de)	Kassette (f)	[ka'sɛtə]
videocassette (de)	Videokassette (f)	['viːdeoˑka'sɛtə]
CD (de)	CD (f)	[tseː'deː]
DVD (de)	DVD (f)	[defaʊ'deː]
alfabet (het)	Alphabet (n)	[alfa'beːt]
spellen (ww)	buchstabieren (vt)	[ˌbuːχʃta'biːʀən]
uitspraak (de)	Aussprache (f)	['aʊsˌʃpʀaːχə]
accent (het)	Akzent (m)	[ak'tsɛnt]
met een accent (bw)	mit Akzent	[mɪt ak'tsɛnt]
zonder accent (bw)	ohne Akzent	['oːnə ak'tsɛnt]
woord (het)	Wort (n)	[vɔʁt]
betekenis (de)	Bedeutung (f)	[bə'dɔɪtʊŋ]
cursus (de)	Kurse (pl)	['kʊʁzə]
zich inschrijven (ww)	sich einschreiben	[zɪç 'aɪnˌʃʀaɪbən]
leraar (de)	Lehrer (m)	['leːʀɐ]
vertaling (een ~ maken)	Übertragung (f)	[ˌyːbɐ'tʀaːgʊŋ]
vertaling (tekst)	Übersetzung (f)	[ˌyːbɐ'zɛtsʊŋ]
vertaler (de)	Übersetzer (m)	[ˌyːbɐ'zɛtsɐ]
tolk (de)	Dolmetscher (m)	['dɔlmɛtʃɐ]
polyglot (de)	Polyglott (m, f)	[poly'glɔt]
geheugen (het)	Gedächtnis (n)	[gə'dɛçtnɪs]

Rusten. Entertainment. Reizen

99. Trip. Reizen

toerisme (het)	Tourismus (m)	[tuˈʀɪsmʊs]
toerist (de)	Tourist (m)	[tuˈʀɪst]
reis (de)	Reise (f)	[ˈʀaɪzə]
avontuur (het)	Abenteuer (n)	[ˈaːbəntɔɪɐ]
tocht (de)	Fahrt (f)	[faːɐt]

vakantie (de)	Urlaub (m)	[ˈuːɐˌlaʊp]
met vakantie zijn	auf Urlaub sein	[aʊf ˈuːɐˌlaʊp zaɪn]
rust (de)	Erholung (f)	[ɛɐˈhoːlʊŋ]

trein (de)	Zug (m)	[tsuːk]
met de trein	mit dem Zug	[mɪt dem tsuːk]
vliegtuig (het)	Flugzeug (n)	[ˈfluːkˌtsɔɪk]
met het vliegtuig	mit dem Flugzeug	[mɪt dem ˈfluːkˌtsɔɪk]
met de auto	mit dem Auto	[mɪt dem ˈaʊto]
per schip (bw)	mit dem Schiff	[mɪt dem ʃɪf]

bagage (de)	Gepäck (n)	[ɡəˈpɛk]
valies (de)	Koffer (m)	[ˈkɔfɐ]
bagagekarretje (het)	Gepäckwagen (m)	[ɡəˈpɛkˌvaːɡən]

paspoort (het)	Pass (m)	[pas]
visum (het)	Visum (n)	[ˈviːzʊm]
kaartje (het)	Fahrkarte (f)	[ˈfaːɐˌkaʁtə]
vliegticket (het)	Flugticket (n)	[ˈfluːkˌtɪkət]

reisgids (de)	Reiseführer (m)	[ˈʀaɪzəˌfyːʀɐ]
kaart (de)	Landkarte (f)	[ˈlantˌkaʁtə]
gebied (landelijk ~)	Gegend (f)	[ˈɡeːɡənt]
plaats (de)	Ort (m)	[ɔʁt]

exotische bestemming (de)	Exotika (pl)	[ɛˈksoːtika]
exotisch (bn)	exotisch	[ɛˈksoːtɪʃ]
verwonderlijk (bn)	erstaunlich	[ɛɐˈʃtaʊnlɪç]

groep (de)	Gruppe (f)	[ˈɡʀʊpə]
rondleiding (de)	Ausflug (m)	[ˈaʊsˌfluːk]
gids (de)	Reiseleiter (m)	[ˈʀaɪzəˌlaɪtɐ]

100. Hotel

hotel (het)	Hotel (n)	[hoˈtɛl]
motel (het)	Motel (n)	[moˈtɛl]
3-sterren	drei Sterne	[dʀaɪ ˈʃtɛʁnə]

5-sterren	fünf Sterne	[fʏnf 'ʃtɛʁnə]
overnachten (ww)	absteigen (vi)	['ap‚ʃtaɪɡən]
kamer (de)	Hotelzimmer (n)	[ho'tɛl‚tsɪmɐ]
eenpersoonskamer (de)	Einzelzimmer (n)	['aɪntsəl‚tsɪmɐ]
tweepersoonskamer (de)	Zweibettzimmer (n)	['tsvaɪbɛt‚tsɪmɐ]
een kamer reserveren	reservieren (vt)	[ʁezɛʁ'vi:ʁən]
halfpension (het)	Halbpension (f)	['halp·pan‚zjo:n]
volpension (het)	Vollpension (f)	['fɔl·pan‚zjo:n]
met badkamer	mit Bad	[mɪt 'ba:t]
met douche	mit Dusche	[mɪt 'du:ʃə]
satelliet-tv (de)	Satellitenfernsehen (n)	[zatɛ'li:tən‚fɛʁnze:ən]
airconditioner (de)	Klimaanlage (f)	['kli:ma‚ʔanla:ɡə]
handdoek (de)	Handtuch (n)	['hant‚tu:x]
sleutel (de)	Schlüssel (m)	['ʃlʏsəl]
administrateur (de)	Verwalter (m)	[fɛɐ'valtɐ]
kamermeisje (het)	Zimmermädchen (n)	['tsɪmɐ‚mɛ:tçən]
piccolo (de)	Träger (m)	['tʁɛ:ɡɐ]
portier (de)	Portier (m)	[pɔʁ'tie:]
restaurant (het)	Restaurant (n)	[ʁɛsto'ʁaŋ]
bar (de)	Bar (f)	[ba:ɐ]
ontbijt (het)	Frühstück (n)	['fʁy:ʃtʏk]
avondeten (het)	Abendessen (n)	['a:bənt‚ʔɛsən]
buffet (het)	Buffet (n)	[bʏ'fe:]
hal (de)	Foyer (n)	[foa'je:]
lift (de)	Aufzug (m), Fahrstuhl (m)	['aʊf‚tsu:k], ['fa:ɐ‚ʃtu:l]
NIET STOREN	BITTE NICHT STÖREN!	['bɪtə nɪçt 'ʃtø:ʁən]
VERBODEN TE ROKEN!	RAUCHEN VERBOTEN!	['ʁaʊxən fɛɐ'bo:tən]

TECHNISCHE APPARATUUR. VERVOER

Technische apparatuur

101. Computer

computer (de)	**Computer** (m)	[kɔm'pju:tɐ]
laptop (de)	**Laptop** (m), **Notebook** (n)	['lɛptɔp], ['nɔutbʊk]
aanzetten (ww)	**einschalten** (vt)	['aɪnˌʃaltən]
uitzetten (ww)	**abstellen** (vt)	['apʃtɛlən]
toetsenbord (het)	**Tastatur** (f)	[tasta'tu:ɐ]
toets (enter~)	**Taste** (f)	['tastə]
muis (de)	**Maus** (f)	[maʊs]
muismat (de)	**Mousepad** (n)	['maʊspɛt]
knopje (het)	**Knopf** (m)	[knɔpf]
cursor (de)	**Cursor** (m)	['kø:ɐzɐ]
monitor (de)	**Monitor** (m)	['mo:nito:ɐ]
scherm (het)	**Schirm** (m)	[ʃɪʁm]
harde schijf (de)	**Festplatte** (f)	['fɛstplatə]
volume (het) van de harde schijf	**Festplattengröße** (f)	['fɛstplatənˌgrø:sə]
geheugen (het)	**Speicher** (m)	['ʃpaɪçɐ]
RAM-geheugen (het)	**Arbeitsspeicher** (m)	['aʁbaɪtsˌʃpaɪçɐ]
bestand (het)	**Datei** (f)	[da'taɪ]
folder (de)	**Ordner** (m)	['ɔʁdnɐ]
openen (ww)	**öffnen** (vt)	['œfnən]
sluiten (ww)	**schließen** (vt)	['ʃli:sən]
opslaan (ww)	**speichern** (vt)	['ʃpaɪçɐn]
verwijderen (wissen)	**löschen** (vt)	['lœʃən]
kopiëren (ww)	**kopieren** (vt)	[ko'pi:ʁən]
sorteren (ww)	**sortieren** (vt)	[zɔʁ'ti:ʁən]
overplaatsen (ww)	**transferieren** (vt)	[tʁansfə'ʁi:ʁən]
programma (het)	**Programm** (n)	[pʁo'gʁam]
software (de)	**Software** (f)	['sɔftwɛ:ɐ]
programmeur (de)	**Programmierer** (m)	[pʁogʁa'mi:ʁɐ]
programmeren (ww)	**programmieren** (vt)	[pʁogʁa'mi:ʁən]
hacker (computerkraker)	**Hacker** (m)	['hɛkɐ]
wachtwoord (het)	**Kennwort** (n)	['kɛnˌvɔʁt]
virus (het)	**Virus** (m, n)	['vi:ʁʊs]
ontdekken (virus ~)	**entdecken** (vt)	[ɛnt'dɛkən]

byte (de)	**Byte** (n)	[baɪt]
megabyte (de)	**Megabyte** (n)	['meːgaˌbaɪt]
data (de)	**Daten** (pl)	['daːtən]
databank (de)	**Datenbank** (f)	['daːtənˌbaŋk]
kabel (USB-~, enz.)	**Kabel** (n)	['kaːbəl]
afsluiten (ww)	**trennen** (vt)	['tʀɛnən]
aansluiten op (ww)	**anschließen** (vt)	['anˌʃliːsən]

102. Internet. E-mail

internet (het)	**Internet** (n)	['ɪntɛnɛt]
browser (de)	**Browser** (m)	['bʀaʊzɐ]
zoekmachine (de)	**Suchmaschine** (f)	['zuːχˌmaʃiːnə]
internetprovider (de)	**Provider** (m)	[ˌpʀoˈvaɪdɐ]
webmaster (de)	**Webmaster** (m)	['vɛpˌmaːstɐ]
website (de)	**Website** (f)	['vɛpˌsaɪt]
webpagina (de)	**Webseite** (f)	['vɛpˌzaɪtə]
adres (het)	**Adresse** (f)	[aˈdʀɛsə]
adresboek (het)	**Adressbuch** (n)	[aˈdʀɛsˌbuːχ]
postvak (het)	**Mailbox** (f)	['mɛjlˌbɔks]
post (de)	**Post** (f)	[pɔst]
vol (~ postvak)	**überfüllt**	[yːbɐˈfʏlt]
bericht (het)	**Mitteilung** (f)	['mɪtˌtaɪlʊŋ]
binnenkomende	**eingehenden**	['aɪnˌgeːəndən
berichten (mv.)	**Nachrichten**	'naːχʀɪçtən]
uitgaande berichten (mv.)	**ausgehenden**	['aʊsˌgeːəndən
	Nachrichten	'naːχʀɪçtən]
verzender (de)	**Absender** (m)	['apˌzɛndɐ]
verzenden (ww)	**senden** (vt)	['zɛndən]
verzending (de)	**Absendung** (f)	['apˌzɛndʊŋ]
ontvanger (de)	**Empfänger** (m)	[ɛmˈpfɛŋɐ]
ontvangen (ww)	**empfangen** (vt)	[ɛmˈpfaŋən]
correspondentie (de)	**Briefwechsel** (m)	['bʀiːfˌvɛksəl]
corresponderen (met …)	**im Briefwechsel stehen**	[ɪm 'bʀiːfˌvɛksəl 'ʃteːən]
bestand (het)	**Datei** (f)	[daˈtaɪ]
downloaden (ww)	**herunterladen** (vt)	[hɛˈʀʊntɐˌlaːdən]
creëren (ww)	**schaffen** (vt)	['ʃafən]
verwijderen (een bestand ~)	**löschen** (vt)	['lœʃən]
verwijderd (bn)	**gelöscht**	[gəˈlœʃt]
verbinding (de)	**Verbindung** (f)	[fɛɐˈbɪndʊŋ]
snelheid (de)	**Geschwindigkeit** (f)	[gəˈʃvɪndɪçˌkaɪt]
modem (de)	**Modem** (m, n)	['moːdɛm]
toegang (de)	**Zugang** (m)	['tsuːgaŋ]

poort (de)	Port (m)	[pɔʁt]
aansluiting (de)	Anschluss (m)	['anʃlʊs]
zich aansluiten (ww)	sich anschließen	[zɪç 'anˌʃliːsən]

| selecteren (ww) | auswählen (vt) | ['aʊsˌvɛːlən] |
| zoeken (ww) | suchen (vt) | ['zuːχən] |

103. Elektriciteit

elektriciteit (de)	Elektrizität (f)	[elɛktʁitsiˈtɛːt]
elektrisch (bn)	elektrisch	[eˈlɛktʁɪʃ]
elektriciteitscentrale (de)	Elektrizitätswerk (n)	[elɛktʁitsiˈtɛːtsˌvɛʁk]
energie (de)	Energie (f)	[enɛʁˈgiː]
elektrisch vermogen (het)	Strom (m)	[ʃtʁoːm]

lamp (de)	Glühbirne (f)	['glyːˌbɪʁnə]
zaklamp (de)	Taschenlampe (f)	['taʃənˌlampə]
straatlantaarn (de)	Straßenlaterne (f)	['ʃtʁaːsən·laˌtɛʁnə]

| licht (elektriciteit) | Licht (n) | [lɪçt] |
| aandoen (ww) | einschalten (vt) | ['aɪnʃaltən] |

| uitdoen (ww) | ausschalten (vt) | ['aʊsʃaltən] |
| het licht uitdoen | das Licht ausschalten | [das lɪçt 'aʊsʃaltən] |

| doorbranden (gloeilamp) | durchbrennen (vi) | ['dʊʁçˌbʁɛnən] |
| kortsluiting (de) | Kurzschluss (m) | ['kʊʁtsʃlʊs] |

| onderbreking (de) | Riß (m) | [ʁɪs] |
| contact (het) | Kontakt (m) | [kɔn'takt] |

| schakelaar (de) | Schalter (m) | ['ʃaltɐ] |
| stopcontact (het) | Steckdose (f) | ['ʃtɛkˌdoːzə] |

| stekker (de) | Stecker (m) | ['ʃtɛkɐ] |
| verlengsnoer (de) | Verlängerung (f) | [fɛɐ̯'lɛŋəʁʊŋ] |

zekering (de)	Sicherung (f)	['zɪçəʁʊŋ]
kabel (de)	Draht (m)	[dʁaːt]
bedrading (de)	Verdrahtung (f)	[fɛɐ̯'dʁaːtʊŋ]

| ampère (de) | Ampere (n) | [am'pɛːɐ̯] |
| stroomsterkte (de) | Stromstärke (f) | ['ʃtʁoːmʃtɛʁkə] |

| volt (de) | Volt (n) | [vɔlt] |
| spanning (de) | Voltspannung (f) | ['vɔltʃpanʊŋ] |

| elektrisch toestel (het) | Elektrogerät (n) | [eˈlɛktʁo·gəˌʁɛːt] |
| indicator (de) | Indikator (m) | [ɪndiˈkaːtoːɐ̯] |

elektricien (de)	Elektriker (m)	[ˌeˈlɛktʁikɐ]
solderen (ww)	löten (vt)	['løːtən]
soldeerbout (de)	Lötkolben (m)	['løːtˌkɔlbən]
stroom (de)	Strom (m)	[ʃtʁoːm]

104. Gereedschappen

werktuig (stuk gereedschap)	Werkzeug (n)	['vɛʁk‚tsɔɪk]
gereedschap (het)	Werkzeuge (pl)	['vɛʁk‚tsɔɪgə]
uitrusting (de)	Ausrüstung (f)	['aʊs‚ʀʏstʊŋ]

hamer (de)	Hammer (m)	['hamɐ]
schroevendraaier (de)	Schraubenzieher (m)	['ʃʀaʊbəntsi:ɐ]
bijl (de)	Axt (f)	[akst]

zaag (de)	Säge (f)	['zɛ:gə]
zagen (ww)	sägen (vt)	['zɛ:gən]
schaaf (de)	Hobel (m)	['ho:bl]
schaven (ww)	hobeln (vt)	['ho:bəln]
soldeerbout (de)	Lötkolben (m)	['lø:t‚kɔlbən]
solderen (ww)	löten (vt)	['lø:tən]

vijl (de)	Feile (f)	['faɪlə]
nijptang (de)	Kneifzange (f)	['knaɪf‚tsaŋə]
combinatietang (de)	Flachzange (f)	['flax‚tsaŋə]
beitel (de)	Stemmeisen (n)	['ʃtɛm‚ʔaɪzən]

boorkop (de)	Bohrer (m)	['bo:ʀɐ]
boormachine (de)	Bohrmaschine (f)	['bo:ɐ·maʃi:nə]
boren (ww)	bohren (vt)	['bo:ʀən]

mes (het)	Messer (n)	['mɛsɐ]
lemmet (het)	Klinge (f)	['klɪŋə]

scherp (bijv. ~ mes)	scharf	[ʃaʁf]
bot (bn)	stumpf	[ʃtʊmpf]
bot raken (ww)	stumpf werden (vi)	[ʃtʊmpf 've:ɐdən]
slijpen (een mes ~)	schärfen (vt)	['ʃɛʁfən]

bout (de)	Bolzen (m)	['bɔltsən]
moer (de)	Mutter (f)	['mʊtɐ]
schroefdraad (de)	Gewinde (n)	[gə'vɪndə]
houtschroef (de)	Holzschraube (f)	['hɔlts‚ʃʀaʊbə]

spijker (de)	Nagel (m)	['na:gəl]
kop (de)	Nagelkopf (m)	['na:gəl‚kɔpf]

liniaal (de/het)	Lineal (n)	[line'a:l]
rolmeter (de)	Metermaß (n)	['me:tɐ‚ma:s]
waterpas (de/het)	Wasserwaage (f)	['vasɐ‚va:gə]
loep (de)	Lupe (f)	['lu:pə]

meetinstrument (het)	Messinstrument (n)	['mɛs?ɪnstʀu‚mɛnt]
opmeten (ww)	messen (vt)	['mɛsən]
schaal (meetschaal)	Skala (f)	['ska:la]
gegevens (mv.)	Ablesung (f)	['aple:zʊŋ]

compressor (de)	Kompressor (m)	[kɔm'pʀɛso:ɐ]
microscoop (de)	Mikroskop (n)	[mikʀo'sko:p]
pomp (de)	Pumpe (f)	['pʊmpə]

Nederlands	Duits	Uitspraak
robot (de)	**Roboter** (m)	[ˈʀɔbɔtɐ]
laser (de)	**Laser** (m)	[ˈleːzɐ]
moersleutel (de)	**Schraubenschlüssel** (m)	[ˈʃʀaʊbənˌʃlʏsəl]
plakband (de)	**Klebeband** (n)	[ˈkleːbəˌbant]
lijm (de)	**Klebstoff** (m)	[ˈkleːpʃtɔf]
schuurpapier (het)	**Sandpapier** (n)	[ˈzantˌpaˌpiːɐ]
veer (de)	**Sprungfeder** (f)	[ˈʃpʀʊŋˌfeːdɐ]
magneet (de)	**Magnet** (m)	[maˈgneːt]
handschoenen (mv.)	**Handschuhe** (pl)	[ˈhantʃuːə]
touw (bijv. henneptouw)	**Leine** (f)	[ˈlaɪnə]
snoer (het)	**Schnur** (f)	[ʃnuːɐ]
draad (de)	**Draht** (m)	[dʀaːt]
kabel (de)	**Kabel** (n)	[ˈkaːbəl]
moker (de)	**schwerer Hammer** (m)	[ˈʃveːʀɐ ˈhamɐ]
breekijzer (het)	**Brecheisen** (n)	[ˈbʀɛçˌʔaɪzən]
ladder (de)	**Leiter** (f)	[ˈlaɪtɐ]
trapje (inklapbaar ~)	**Trittleiter** (f)	[ˈtʀɪtˌlaɪtɐ]
aanschroeven (ww)	**zudrehen** (vt)	[tsuːˈdʀeːən]
losschroeven (ww)	**abdrehen** (vt)	[ˈapˌdʀeːən]
dichtpersen (ww)	**zusammendrücken** (vt)	[tsuˈzamənˌdʀʏkən]
vastlijmen (ww)	**ankleben** (vt)	[ˈanˌkleːbən]
snijden (ww)	**schneiden** (vt)	[ˈʃnaɪdən]
defect (het)	**Störung** (f)	[ˈʃtøːʀʊŋ]
reparatie (de)	**Reparatur** (f)	[ʀepaʀaˈtuːɐ]
repareren (ww)	**reparieren** (vt)	[ʀepaˈʀiːʀən]
regelen (een machine ~)	**einstellen** (vt)	[ˈaɪnˌʃtɛlən]
checken (ww)	**prüfen** (vt)	[ˈpʀyːfən]
controle (de)	**Prüfung** (f)	[ˈpʀyːfʊŋ]
gegevens (mv.)	**Ablesung** (f)	[ˈapleːzʊŋ]
degelijk (bijv. ~ machine)	**sicher**	[ˈzɪçɐ]
ingewikkeld (bn)	**kompliziert**	[kɔmpliˈtsiːɐt]
roesten (ww)	**verrosten** (vi)	[fɛɐˈʀɔstən]
roestig (bn)	**rostig**	[ˈʀɔstɪç]
roest (de/het)	**Rost** (m)	[ʀɔst]

Vervoer

105. Vliegtuig

vliegtuig (het)	Flugzeug (n)	['flu:k,tsɔɪk]
vlieticket (het)	Flugticket (n)	['flu:k,tɪkət]
luchtvaartmaatschappij (de)	Fluggesellschaft (f)	['flu:kgə,zɛlʃaft]
luchthaven (de)	Flughafen (m)	['flu:k,ha:fən]
supersonisch (bn)	Überschall-	['y:bɐˌʃal]
gezagvoerder (de)	Flugkapitän (m)	['flu:k·kapiˌtɛ:n]
bemanning (de)	Besatzung (f)	[bə'zatsʊn]
piloot (de)	Pilot (m)	[pi'lo:t]
stewardess (de)	Flugbegleiterin (f)	['flu:k·bəˌglaɪtəʀɪn]
stuurman (de)	Steuermann (m)	['ʃtɔɪɐˌman]
vleugels (mv.)	Flügel (pl)	['fly:gəl]
staart (de)	Schwanz (m)	[ʃvants]
cabine (de)	Kabine (f)	[ka'bi:nə]
motor (de)	Motor (m)	['mo:to:ɐ]
landingsgestel (het)	Fahrgestell (n)	['fa:ɐ·gəˌʃtɛl]
turbine (de)	Turbine (f)	[tʊʀ'bi:nə]
propeller (de)	Propeller (m)	[pʀo'pɛlɐ]
zwarte doos (de)	Flugschreiber (m)	['flu:kˌʃʀaɪbɐ]
stuur (het)	Steuerrad (n)	['ʃtɔɪɐˌʀa:t]
brandstof (de)	Trebstoff (m)	['tʀaɪpˌʃtɔf]
veiligheidskaart (de)	Sicherheitskarte (f)	['zɪçɐhaɪtsˌkaʀtə]
zuurstofmasker (het)	Sauerstoffmaske (f)	['zaʊɐʃtɔfˌmaskə]
uniform (het)	Uniform (f)	['uniˌfɔʀm]
reddingsvest (de)	Rettungsweste (f)	['ʀɛtʊŋsˌvɛstə]
parachute (de)	Fallschirm (m)	['falˌʃɪʀm]
opstijgen (het)	Abflug, Start (m)	['apˌflu:k], [ʃtaʀt]
opstijgen (ww)	starten (vi)	['ʃtaʀtən]
startbaan (de)	Startbahn (f)	['ʃtaʀtba:n]
zicht (het)	Sicht (f)	[zɪçt]
vlucht (de)	Flug (m)	[flu:k]
hoogte (de)	Höhe (f)	['hø:ə]
luchtzak (de)	Luftloch (n)	['lʊftˌlɔx]
plaats (de)	Platz (m)	[plats]
koptelefoon (de)	Kopfhörer (m)	['kɔpfˌhø:ʀɐ]
tafeltje (het)	Klapptisch (m)	['klapˌtɪʃ]
venster (het)	Bullauge (n)	['bʊlˌʔaʊgə]
gangpad (het)	Durchgang (m)	['dʊʀçˌgaŋ]

106. Trein

trein (de)	Zug (m)	[tsu:k]
elektrische trein (de)	elektrischer Zug (m)	[e'lɛktrɪʃe tsu:k]
sneltrein (de)	Schnellzug (m)	[ˈʃnɛlˌtsu:k]
diesellocomotief (de)	Diesellok (f)	[ˈdi:zəlˌlɔk]
stoomlocomotief (de)	Dampflok (f)	[ˈdampfˌlɔk]

rijtuig (het)	Personenwagen (m)	[pɛʁˈzo:nənˌva:gən]
restauratierijtuig (het)	Speisewagen (m)	[ˈʃpaɪzəˌva:gən]

rails (mv.)	Schienen (pl)	[ˈʃi:nən]
spoorweg (de)	Eisenbahn (f)	[ˈaɪzənˌba:n]
dwarsligger (de)	Bahnschwelle (f)	[ˈba:nˌʃvɛlə]

perron (het)	Bahnsteig (m)	[ˈba:nˌʃtaɪk]
spoor (het)	Gleis (n)	[ˈglaɪs]
semafoor (de)	Eisenbahnsignal (n)	[ˈaɪzənba:nˌzɪˈgna:l]
halte (bijv. kleine treinhalte)	Station (f)	[ʃtaˈtsjo:n]

machinist (de)	Lokführer (m)	[ˈlɔkˌfy:ʁɐ]
kruier (de)	Träger (m)	[ˈtʁɛ:gɐ]
conducteur (de)	Schaffner (m)	[ˈʃafnɐ]
passagier (de)	Fahrgast (m)	[ˈfa:ɐˌgast]
controleur (de)	Kontrolleur (m)	[kɔntrɔˈløːɐ]

gang (in een trein)	Flur (m)	[flu:ɐ]
noodrem (de)	Notbremse (f)	[ˈno:tˌbʁɛmzə]
coupé (de)	Abteil (n)	[apˈtaɪl]
bed (slaapplaats)	Liegeplatz (m), Schlafkoje (f)	[ˈli:gəˌplats], [ˈʃla:fˌko:jə]
bovenste bed (het)	oberer Liegeplatz (m)	[ˈo:bəʁɐ ˈli:gəˌplats]
onderste bed (het)	unterer Liegeplatz (m)	[ˈʊntəʁɐ ˈli:gəˌplats]
beddengoed (het)	Bettwäsche (f)	[ˈbɛtˌvɛʃə]

kaartje (het)	Fahrkarte (f)	[ˈfa:ɐˌkaʁtə]
dienstregeling (de)	Fahrplan (m)	[ˈfa:ɐˌpla:n]
informatiebord (het)	Anzeigetafel (f)	[ˈantsaɪgəˌta:fəl]

vertrekken (De trein vertrekt …)	abfahren (vi)	[ˈapˌfa:ʁən]
vertrek (ov. een trein)	Abfahrt (f)	[ˈapˌfa:ɐt]
aankomen (ov. de treinen)	ankommen (vi)	[ˈanˌkɔmən]
aankomst (de)	Ankunft (f)	[ˈankʊnft]

aankomen per trein	mit dem Zug kommen	[mɪt dem tsu:k ˈkɔmən]
in de trein stappen	in den Zug einsteigen	[ɪn den tsu:k ˈaɪnˌʃtaɪgən]
uit de trein stappen	aus dem Zug aussteigen	[aʊs dem tsu:k ˈaʊsˌʃtaɪgən]

treinwrak (het)	Zugunglück (n)	[ˈtsu:kʔʊnˌglʏk]
ontspoord zijn	entgleisen (vi)	[ɛntˈglaɪzən]

stoomlocomotief (de)	Dampflok (f)	[ˈdampfˌlɔk]
stoker (de)	Heizer (m)	[ˈhaɪtsɐ]
stookplaats (de)	Feuerbuchse (f)	[ˈfɔɪɐˌbʊksə]
steenkool (de)	Kohle (f)	[ˈko:lə]

107. Schip

schip (het)	Schiff (n)	[ʃɪf]
vaartuig (het)	Fahrzeug (n)	['faːɐˌtsɔɪk]
stoomboot (de)	Dampfer (m)	['dampfɐ]
motorschip (het)	Motorschiff (n)	['moːtoːɐˌʃɪf]
lijnschip (het)	Kreuzfahrtschiff (n)	['kʀɔɪtsfaːɐtˌʃɪf]
kruiser (de)	Kreuzer (m)	['kʀɔɪtsɐ]
jacht (het)	Jacht (f)	[jaχt]
sleepboot (de)	Schlepper (m)	['ʃlɛpɐ]
duwbak (de)	Lastkahn (m)	[lastˌkaːn]
ferryboot (de)	Fähre (f)	['fɛːʀə]
zeilboot (de)	Segelschiff (n)	['zeːgəlˌʃɪf]
brigantijn (de)	Brigantine (f)	[bʀigan'tiːnə]
ijsbreker (de)	Eisbrecher (m)	['aɪsˌbʀɛçɐ]
duikboot (de)	U-Boot (n)	['uːboːt]
boot (de)	Boot (n)	['boːt]
sloep (de)	Dingi (n)	['dɪŋgi]
reddingssloep (de)	Rettungsboot (n)	['ʀɛtuŋsˌboːt]
motorboot (de)	Motorboot (n)	['moːtoːɐˌboːt]
kapitein (de)	Kapitän (m)	[kapi'tɛn]
zeeman (de)	Matrose (m)	[ma'tʀoːzə]
matroos (de)	Seemann (m)	['zeːman]
bemanning (de)	Besatzung (f)	[bə'zatsʊŋ]
bootsman (de)	Bootsmann (m)	['boːtsman]
scheepsjongen (de)	Schiffsjunge (m)	['ʃɪfsˌjuŋə]
kok (de)	Schiffskoch (m)	['ʃɪfsˌkɔχ]
scheepsarts (de)	Schiffsarzt (m)	['ʃɪfsˌʔaʁtst]
dek (het)	Deck (n)	[dɛk]
mast (de)	Mast (m)	[mast]
zeil (het)	Segel (n)	[zeːgəl]
ruim (het)	Schiffsraum (m)	['ʃɪfsˌʀaʊm]
voorsteven (de)	Bug (m)	[buːk]
achtersteven (de)	Heck (n)	[hɛk]
roeispaan (de)	Ruder (n)	['ʀuːdɐ]
schroef (de)	Schraube (f)	['ʃʀaʊbə]
kajuit (de)	Kajüte (f)	[ka'jyːtə]
officierskamer (de)	Messe (f)	['mɛsə]
machinekamer (de)	Maschinenraum (m)	[ma'ʃiːnənˌʀaʊm]
brug (de)	Brücke (f)	['bʀʏkə]
radiokamer (de)	Funkraum (m)	['fʊŋkˌʀaʊm]
radiogolf (de)	Radiowelle (f)	['ʀaːdɪoˌvɛlə]
logboek (het)	Schiffstagebuch (n)	['ʃɪfs·ˌtaːgəbuːχ]
verrekijker (de)	Fernrohr (n)	['fɛʁnˌʀoːɐ]
klok (de)	Glocke (f)	['glɔkə]

vlag (de)	Fahne (f)	['fa:nə]
kabel (de)	Seil (n)	[zaɪl]
knoop (de)	Knoten (m)	['kno:tən]

| leuning (de) | Geländer (n) | [gə'lɛndɐ] |
| trap (de) | Treppe (f) | ['tʀɛpə] |

anker (het)	Anker (m)	['aŋkɐ]
het anker lichten	den Anker lichten	[den 'aŋkɐ 'lɪçtən]
het anker neerlaten	Anker werfen	['aŋkɐ ˌvɛʁfən]
ankerketting (de)	Ankerkette (f)	['ankɐˌkɛtə]

haven (bijv. containerhaven)	Hafen (m)	['ha:fən]
kaai (de)	Anlegestelle (f)	['anle:gəˌʃtɛlə]
aanleggen (ww)	anlegen (vi)	['anˌle:gən]
wegvaren (ww)	abstoßen (vt)	['apˌʃto:sən]

reis (de)	Reise (f)	['ʀaɪzə]
cruise (de)	Kreuzfahrt (f)	['kʀɔɪtsˌfa:ɐt]
koers (de)	Kurs (m)	[kʊʁs]
route (de)	Reiseroute (f)	['ʀaɪzəˌʀu:tə]

vaarwater (het)	Fahrwasser (n)	['fa:ɐˌvasɐ]
zandbank (de)	Untiefe (f)	['ʊnˌti:fə]
stranden (ww)	stranden (vi)	['ʃtʀandən]

storm (de)	Sturm (m)	[ʃtʊʁm]
signaal (het)	Signal (n)	[zɪ'gna:l]
zinken (ov. een boot)	untergehen (vi)	['ʊntɐˌge:ən]
Man overboord!	Mann über Bord!	[man 'y:bɐ bɔʁt]
SOS (noodsignaal)	SOS	[ɛso:'ʔɛs]
reddingsboei (de)	Rettungsring (m)	['ʀɛtʊŋsˌʀɪŋ]

108. Vliegveld

luchthaven (de)	Flughafen (m)	['flu:kˌha:fən]
vliegtuig (het)	Flugzeug (n)	['flu:kˌtsɔɪk]
luchtvaartmaatschappij (de)	Fluggesellschaft (f)	['flu:kgəˌzɛlʃaft]
luchtverkeersleider (de)	Fluglotse (m)	['flu:kˌlo:tsə]

vertrek (het)	Abflug (m)	['apˌflu:k]
aankomst (de)	Ankunft (f)	['ankʊnft]
aankomen (per vliegtuig)	anfliegen (vi)	['anˌfli:gən]

| vertrektijd (de) | Abflugzeit (f) | ['apflu:kˌtsaɪt] |
| aankomstuur (het) | Ankunftszeit (f) | ['ankʊnftsˌtsaɪt] |

| vertraagd zijn (ww) | sich verspäten | [zɪç fɛɐ'ʃpɛ:tən] |
| vluchtvertraging (de) | Abflugverspätung (f) | ['apflu:kˌfɛɐ'ʃpɛ:tʊŋ] |

informatiebord (het)	Anzeigetafel (f)	['antsaɪgəˌta:fəl]
informatie (de)	Information (f)	[ɪnfɔʁma'tsjo:n]
aankondigen (ww)	ankündigen (vt)	['ankʏndɪgən]
vlucht (bijv. KLM ~)	Flug (m)	[flu:k]

douane (de)	Zoll amt (n)	['tsɔl‿ʔamt]
douanier (de)	Zollbeamter (m)	['tsɔl·bə‿ʔamtɐ]
douaneaangifte (de)	Zolldeklaration (f)	['tsɔl·deklaʀa'tsjoːn]
invullen (douaneaangifte ~)	ausfüllen (vt)	['aʊsˌfʏlən]
een douaneaangifte invullen	die Zollerklärung ausfüllen	[di 'tsɔl·ɛɐ̯'klɛːʀʊŋ 'aʊsˌfʏlən]
paspoortcontrole (de)	Passkontrolle (f)	['pas·kɔnˌtʀɔlə]
bagage (de)	Gepäck (n)	[gə'pɛk]
handbagage (de)	Handgepäck (n)	['hant·gəˌpɛk]
bagagekarretje (het)	Kofferkuli (m)	['kɔfɐˌkuːli]
landing (de)	Landung (f)	['landʊŋ]
landingsbaan (de)	Landebahn (f)	['landəˌbaːn]
landen (ww)	landen (vi)	['landən]
vliegtuigtrap (de)	Fluggasttreppe (f)	['fluːkgastˌtʀɛpə]
inchecken (het)	Check-in (n)	[tʃɛk?in]
incheckbalie (de)	Check-in-Schalter (m)	[tʃɛk?in 'ʃaltɐ]
inchecken (ww)	sich registrieren lassen	[zɪç ʀegɪs'tʀiːʀən 'lasən]
instapkaart (de)	Bordkarte (f)	['bɔʀtˌkaʀtə]
gate (de)	Abfluggate (n)	['apfluːkˌgeɪt]
transit (de)	Transit (m)	[tʀan'ziːt]
wachten (ww)	warten (vi)	['vaʀtən]
wachtzaal (de)	Wartesaal (m)	['vaʀtəˌzaːl]
begeleiden (uitwuiven)	begleiten (vt)	[bə'glaɪtən]
afscheid nemen (ww)	sich verabschieden	[zɪç fɛɐ̯'apʃiːdən]

Gebeurtenissen in het leven

109. Vakanties. Evenement

feest (het)	Fest (n)	[fɛst]
nationale feestdag (de)	Nationalfeiertag (m)	[natsjɔ'naːlˌfaɪɐtaːk]
feestdag (de)	Feiertag (m)	['faɪɐˌtaːk]
herdenken (ww)	feiern (vt)	['faɪɐn]
gebeurtenis (de)	Ereignis (n)	[ɛɐ̯'ʔaɪɡnɪs]
evenement (het)	Veranstaltung (f)	[fɛɐ̯'ʔanʃtaltʊŋ]
banket (het)	Bankett (n)	[baŋ'kɛt]
receptie (de)	Empfang (m)	[ɛm'pfaŋ]
feestmaal (het)	Festmahl (n)	['fɛstˌmaːl]
verjaardag (de)	Jahrestag (m)	['jaːʀəsˌtaːk]
jubileum (het)	Jubiläumsfeier (f)	[jubi'lɛːʊmsˌfaɪɐ]
vieren (ww)	begehen (vt)	[bə'ɡeːən]
Nieuwjaar (het)	Neujahr (n)	['nɔɪjaːɐ̯]
Gelukkig Nieuwjaar!	Frohes Neues Jahr!	[ˌfʀoːəs 'nɔɪəs jaːɐ̯]
Kerstfeest (het)	Weihnachten (n)	['vaɪnaxtən]
Vrolijk kerstfeest!	Frohe Weihnachten!	[ˌfʀoːə 'vaɪnaxtən]
kerstboom (de)	Tannenbaum (m)	['tanənˌbaʊm]
vuurwerk (het)	Feuerwerk (n)	['fɔɪɐˌvɛʁk]
bruiloft (de)	Hochzeit (f)	['hɔxˌtsaɪt]
bruidegom (de)	Bräutigam (m)	['bʀɔɪtɪɡam]
bruid (de)	Braut (f)	[bʀaʊt]
uitnodigen (ww)	einladen (vt)	['aɪnˌlaːdən]
uitnodigingskaart (de)	Einladung (f)	['aɪnˌlaːdʊŋ]
gast (de)	Gast (m)	[gast]
op bezoek gaan	besuchen (vt)	[bə'zuːxən]
gasten verwelkomen	Gäste empfangen	['ɡɛstə ɛm'pfaŋən]
geschenk, cadeau (het)	Geschenk (n)	[ɡə'ʃɛŋk]
geven (iets cadeau ~)	schenken (vt)	['ʃɛŋkən]
geschenken ontvangen	Geschenke bekommen	[ɡə'ʃɛŋkə bə'kɔmən]
boeket (het)	Blumenstrauß (m)	['bluːmənˌʃtʀaʊs]
felicitaties (mv.)	Glückwunsch (m)	['ɡlʏkˌvʊnʃ]
feliciteren (ww)	gratulieren (vi)	[ɡʀatu'liːʀən]
wenskaart (de)	Glückwunschkarte (f)	['ɡlʏkvʊnʃˌkaʁtə]
een kaartje versturen	eine Karte abschicken	['aɪnə 'kaʁtə 'apˌʃɪkən]
een kaartje ontvangen	eine Karte erhalten	['aɪnə 'kaʁtə ɛɐ̯'haltən]
toast (de)	Trinkspruch (m)	['tʀɪŋkˌʃpʀʊx]

aanbieden (een drankje ~)	anbieten (vt)	['anbi:tən]
champagne (de)	Champagner (m)	[ʃam'panjɐ]
plezier hebben (ww)	sich amüsieren	[zɪç amy'zi:ʀən]
plezier (het)	Fröhlichkeit (f)	['fʀø:lɪç‚kaɪt]
vreugde (de)	Freude (f)	['fʀɔɪdə]
dans (de)	Tanz (m)	[tants]
dansen (ww)	tanzen (vi, vt)	['tantsən]
wals (de)	Walzer (m)	['valtsɐ]
tango (de)	Tango (m)	['taŋgo]

110. Begrafenissen. Begrafenis

kerkhof (het)	Friedhof (m)	['fʀi:t‚ho:f]
graf (het)	Grab (n)	[gʀa:p]
kruis (het)	Kreuz (n)	[kʀɔɪts]
grafsteen (de)	Grabstein (m)	['gʀa:pʃtaɪn]
omheining (de)	Zaun (m)	[tsaʊn]
kapel (de)	Kapelle (f)	[ka'pɛlə]
dood (de)	Tod (m)	[to:t]
sterven (ww)	sterben (vi)	['ʃtɛʀbən]
overledene (de)	Verstorbene (m)	[fɛɐ'ʃtɔʀbənɐ]
rouw (de)	Trauer (f)	['tʀaʊɐ]
begraven (ww)	begraben (vt)	[bə'gʀa:bən]
begrafenisonderneming (de)	Bestattungsinstitut (n)	[bə'ʃtatʊŋs?ɪnsti‚tu:t]
begrafenis (de)	Begräbnis (n)	[bə'gʀɛ:pnɪs]
krans (de)	Kranz (m)	[kʀants]
doodskist (de)	Sarg (m)	[zaʀk]
lijkwagen (de)	Katafalk (m)	[kata'falk]
lijkkleed (de)	Totenhemd (n)	['to:tən‚hɛmt]
begrafenisstoet (de)	Trauerzug (m)	['tʀaʊɐ‚tsu:k]
urn (de)	Urne (f)	['ʊʀnə]
crematorium (het)	Krematorium (n)	[kʀema'to:ʀiʊm]
overlijdensbericht (het)	Nachruf (m)	['na:χʀu:f]
huilen (wenen)	weinen (vi)	['vaɪnən]
snikken (huilen)	schluchzen (vi)	['ʃlʊχtsən]

111. Oorlog. Soldaten

peloton (het)	Zug (m)	[tsu:k]
compagnie (de)	Kompanie (f)	[kɔmpa'ni:]
regiment (het)	Regiment (n)	[ʀegi'mɛnt]
leger (armee)	Armee (f)	[aʀ'me:]
divisie (de)	Division (f)	[divi'zjo:n]
sectie (de)	Abteilung (f)	[ap'taɪlʊŋ]

troep (de)	Heer (n)	[he:ɐ]
soldaat (militair)	Soldat (m)	[zɔl'da:t]
officier (de)	Offizier (m)	[ɔfi'tsi:ɐ]

soldaat (rang)	Soldat (m)	[zɔl'da:t]
sergeant (de)	Feldwebel (m)	['fɛlt‚ve:bəl]
luitenant (de)	Leutnant (m)	['lɔɪtnant]
kapitein (de)	Hauptmann (m)	['haʊptman]
majoor (de)	Major (m)	[ma'jo:ɐ]
kolonel (de)	Oberst (m)	['o:bɛst]
generaal (de)	General (m)	[genə'ʀa:l]

matroos (de)	Matrose (m)	[ma'tʀo:zə]
kapitein (de)	Kapitän (m)	[kapi'tɛn]
bootsman (de)	Bootsmann (m)	['bo:tsman]

artillerist (de)	Artillerist (m)	['aʁtɪləʀɪst]
valschermjager (de)	Fallschirmjäger (m)	['falʃɪʁm‚jɛ:gɐ]
piloot (de)	Pilot (m)	[pi'lo:t]
stuurman (de)	Steuermann (m)	['ʃtɔɪɐ‚man]
mecanicien (de)	Mechaniker (m)	[me'ça:nikɐ]

sappeur (de)	Pionier (m)	[pɪo'ni:ɐ]
parachutist (de)	Fallschirmspringer (m)	['falʃɪʁm‚ʃpʀɪŋɐ]
verkenner (de)	Aufklärer (m)	['aʊf‚klɛ:ʀɐ]
scherpschutter (de)	Scharfschütze (m)	['ʃaʁf‚ʃʏtsə]

patrouille (de)	Patrouille (f)	[pa'tʀʊljə]
patrouilleren (ww)	patrouillieren (vi)	[patʀʊl'ji:ʀən]
wacht (de)	Wache (f)	['vaxə]

krijger (de)	Krieger (m)	['kʀi:gɐ]
patriot (de)	Patriot (m)	[patʀi'o:t]
held (de)	Held (m)	[hɛlt]
heldin (de)	Heldin (f)	['hɛldɪn]

| verrader (de) | Verräter (m) | [fɛɐ'ʀɛ:tɐ] |
| verraden (ww) | verraten (vt) | [fɛɐ'ʀa:tən] |

| deserteur (de) | Deserteur (m) | [dezɛʁ'tø:ɐ] |
| deserteren (ww) | desertieren (vi) | [dezɛʁ'ti:ʀən] |

huurling (de)	Söldner (m)	['zœldnɐ]
rekruut (de)	Rekrut (m)	[ʀe'kʀu:t]
vrijwilliger (de)	Freiwillige (m)	[‚fʀaɪvɪlɪgə]

gedode (de)	Getoetete (m)	[gə'tø:tətə]
gewonde (de)	Verwundete (m)	[fɛɐ'vʊndətə]
krijgsgevangene (de)	Kriegsgefangene (m)	['kʀi:ks·gə‚faŋənə]

112. Oorlog. Militaire acties. Deel 1

| oorlog (de) | Krieg (m) | [kʀi:k] |
| oorlog voeren (ww) | Krieg führen | [kʀi:k 'fy:ʀən] |

burgeroorlog (de)	Bürgerkrieg (m)	['bʏʁgɐˌkʁiːk]
achterbaks (bw)	heimtückisch	['haɪmˌtʏkɪʃ]
oorlogsverklaring (de)	Kriegserklärung (f)	['kʁiːksʔɛɐˌklɛːʁʊŋ]
verklaren (de oorlog ~)	erklären (vt)	[ɛɐ'klɛːʁən]
agressie (de)	Aggression (f)	[agʁɛ'sjoːn]
aanvallen (binnenvallen)	einfallen (vt)	['aɪnˌfalən]

binnenvallen (ww)	einfallen (vi)	['aɪnˌfalən]
invaller (de)	Invasoren (pl)	[ɪnva'zoːʁən]
veroveraar (de)	Eroberer (m)	[ɛɐ'ʔoːbəʁɐ]

verdediging (de)	Verteidigung (f)	[fɛɐ'taɪdɪgʊŋ]
verdedigen (je land ~)	verteidigen (vt)	[fɛɐ'taɪdɪgən]
zich verdedigen (ww)	sich verteidigen	[zɪç fɛɐ'taɪdɪgən]

vijand (de)	Feind (m)	[faɪnt]
tegenstander (de)	Gegner (m)	['geːgnɐ]
vijandelijk (bn)	Feind-	[faɪnt]

strategie (de)	Strategie (f)	[ʃtʁate'giː]
tactiek (de)	Taktik (f)	['taktɪk]

order (de)	Befehl (m)	[bə'feːl]
bevel (het)	Anordnung (f)	['anˌʔɔʁdnʊŋ]
bevelen (ww)	befehlen (vt)	[ˌbə'feːlən]
opdracht (de)	Auftrag (m)	['aʊfˌtʁaːk]
geheim (bn)	geheim	[gə'haɪm]

slag (de)	Gefecht (n)	[gə'fɛçt]
strijd (de)	Kampf (m)	[kampf]

aanval (de)	Angriff (m)	['anˌgʁɪf]
bestorming (de)	Sturm (m)	[ʃtʊʁm]
bestormen (ww)	stürmen (vt)	['ʃtʏʁmən]
bezetting (de)	Belagerung (f)	[bə'laːgəʁʊŋ]

aanval (de)	Angriff (m)	['anˌgʁɪf]
in het offensief te gaan	angreifen (vt)	['anˌgʁaɪfən]

terugtrekking (de)	Rückzug (m)	['ʁʏkˌtsuːk]
zich terugtrekken (ww)	sich zurückziehen	[zɪç tsu'ʁʏkˌtsiːən]

omsingeling (de)	Einkesselung (f)	['aɪnˌkɛsəlʊŋ]
omsingelen (ww)	einkesseln (vt)	['aɪnˌkɛsəln]

bombardement (het)	Bombenangriff (m)	['bɔmbənˌʔangʁɪf]
een bom gooien	eine Bombe abwerfen	['aɪnə 'bɔmbə 'apˌvɛʁfən]
bombarderen (ww)	bombardieren (vt)	[bɔmbaʁ'diːʁən]
ontploffing (de)	Explosion (f)	[ɛksplo'zjoːn]

schot (het)	Schuss (m)	[ʃʊs]
een schot lossen	schießen (vt)	['ʃiːsən]
schieten (het)	Schießerei (f)	[ʃiːsə'ʁaɪ]

mikken op (ww)	zielen auf ...	['tsiːlən aʊf]
aanleggen (een wapen ~)	richten (vt)	['ʁɪçtən]

Nederlands	Duits	Uitspraak
treffen (doelwit ~)	treffen (vt)	['trɛfən]
zinken (tot zinken brengen)	versenken (vt)	[fɛɐ'zɛŋkən]
kogelgat (het)	Loch (n)	[lɔx]
zinken (gezonken zijn)	versinken (vi)	[fɛɐ'zɪŋkən]
front (het)	Front (f)	[frɔnt]
evacuatie (de)	Evakuierung (f)	[evaku'i:rʊŋ]
evacueren (ww)	evakuieren (vt)	[evaku'i:rən]
loopgraaf (de)	Schützengraben (m)	['ʃʏtsən‚gra:bən]
prikkeldraad (de)	Stacheldraht (m)	['ʃtaxəl‚dra:t]
verdedigingsobstakel (het)	Sperre (f)	['ʃpɛrə]
wachttoren (de)	Wachtturm (m)	['vaxt‚tʊʁm]
hospitaal (het)	Lazarett (n)	[latsa'rɛt]
verwonden (ww)	verwunden (vt)	[fɛɐ'vʊndən]
wond (de)	Wunde (f)	['vʊndə]
gewonde (de)	Verwundete (m)	[fɛɐ'vʊndətə]
gewond raken (ww)	verletzt sein	[fɛɐ'lɛtst zaɪn]
ernstig (~e wond)	schwer	[ʃve:ɐ]

113. Oorlog. Militaire acties. Deel 2

Nederlands	Duits	Uitspraak
krijgsgevangenschap (de)	Gefangenschaft (f)	[gə'faŋənʃaft]
krijgsgevangen nemen	gefangen nehmen (vt)	[gə'faŋən 'ne:mən]
krijgsgevangene zijn	in Gefangenschaft sein	[ɪn gə'faŋənʃaft zaɪn]
krijgsgevangen genomen worden	in Gefangenschaft geraten	[ɪn gə'faŋənʃaft gə'ra:tən]
concentratiekamp (het)	Konzentrationslager (n)	[kɔntsɛntra'tsjo:ns‚la:gɐ]
krijgsgevangene (de)	Kriegsgefangene (m)	['kri:ks·gə‚faŋənə]
vluchten (ww)	fliehen (vi)	['fli:ən]
verraden (ww)	verraten (vt)	[fɛɐ'ra:tən]
verrader (de)	Verräter (m)	[fɛɐ'rɛ:tɐ]
verraad (het)	Verrat (m)	[fɛɐ'ra:t]
fusilleren (executeren)	erschießen (vt)	[ɛɐ'ʃi:sən]
executie (de)	Erschießung (f)	[ɛɐ'ʃi:sʊŋ]
uitrusting (de)	Ausrüstung (f)	['aʊs‚rʏstʊŋ]
schouderstuk (het)	Schulterstück (n)	['ʃʊltɐ‚ʃtʏk]
gasmasker (het)	Gasmaske (f)	['ga:s‚maskə]
portofoon (de)	Funkgerät (n)	['fʊŋk·gə‚rɛ:t]
geheime code (de)	Chiffre (f)	['ʃɪfrə]
samenzwering (de)	Geheimhaltung (f)	[gə'haɪm‚haltʊŋ]
wachtwoord (het)	Kennwort (n)	['kɛn‚vɔʁt]
mijn (landmijn)	Mine (f)	['mi:nə]
ondermijnen (legden mijnen)	Minen legen	['mi:nən 'le:gən]
mijnenveld (het)	Minenfeld (n)	['mi:nən‚fɛlt]
luchtalarm (het)	Luftalarm (m)	['lʊft?a‚laʁm]
alarm (het)	Alarm (m)	[a'laʁm]

signaal (het)	Signal (n)	[zɪˈgnaːl]
vuurpijl (de)	Signalrakete (f)	[zɪˈgnaːlˑraˌkeːtə]

staf (generale ~)	Hauptquartier (n)	[ˈhaʊptˑkvaʁˌtiːɐ]
verkenning (de)	Aufklärung (f)	[ˈaʊfˌklɛːʁʊŋ]
toestand (de)	Lage (f)	[ˈlaːgə]
rapport (het)	Bericht (m)	[bəˈʁɪçt]
hinderlaag (de)	Hinterhalt (m)	[ˈhɪntəˌhalt]
versterking (de)	Verstärkung (f)	[fɛɐˈʃtɛʁkʊŋ]

doel (bewegend ~)	Zielscheibe (f)	[ˈtsiːlˌʃaɪbə]
proefterrein (het)	Schießplatz (m)	[ˈʃiːsˌplats]
manoeuvres (mv.)	Manöver (n)	[maˈnøːvɐ]

paniek (de)	Panik (f)	[ˈpaːnɪk]
verwoesting (de)	Verwüstung (f)	[fɛɐˈvyːstʊŋ]
verwoestingen (mv.)	Trümmer (pl)	[ˈtʁʏmɐ]
verwoesten (ww)	zerstören (vt)	[tsɛɐˈʃtøːʁən]

overleven (ww)	überleben (vi)	[ˌyːbɐˈleːbən]
ontwapenen (ww)	entwaffnen (vt)	[ɛntˈvafnən]
behandelen (een pistool ~)	handhaben (vt)	[ˈhantˌhaːbən]

Geeft acht!	Stillgestanden!	[ˈʃtɪlgəˌʃtandən]
Op de plaats rust!	Rühren!	[ˈʁyːʁən]

heldendaad (de)	Heldentat (f)	[ˈhɛldənˌtaːt]
eed (de)	Eid (m), Schwur (m)	[aɪt], [ʃvuːɐ]
zweren (een eed doen)	schwören (vi, vt)	[ˈʃvøːʁən]

decoratie (de)	Lohn (m)	[loːn]
onderscheiden (een ereteken geven)	auszeichnen (vt)	[ˈaʊsˌtsaɪçnən]
medaille (de)	Medaille (f)	[meˈdaljə]
orde (de)	Orden (m)	[ˈɔʁdən]

overwinning (de)	Sieg (m)	[ziːk]
verlies (het)	Niederlage (f)	[ˈniːdɐˌlaːgə]
wapenstilstand (de)	Waffenstillstand (m)	[ˈvafənˌʃtɪlʃtant]

wimpel (vaandel)	Fahne (f)	[ˈfaːnə]
roem (de)	Ruhm (m)	[ʁuːm]
parade (de)	Parade (f)	[paˈʁaːdə]
marcheren (ww)	marschieren (vi)	[maʁˈʃiːʁən]

114. Wapens

wapens (mv.)	Waffe (f)	[ˈvafə]
vuurwapens (mv.)	Schusswaffe (f)	[ˈʃʊsˌvafə]
koude wapens (mv.)	blanke Waffe (f)	[ˈblaŋkə ˈvafə]

chemische wapens (mv.)	chemischen Waffen (pl)	[çeːmɪʃən ˈvafən]
kern-, nucleair (bn)	Kern-, Atom-	[kɛʁn], [aˈtoːm]
kernwapens (mv.)	Kernwaffe (f)	[ˈkɛʁnˌvafə]

| bom (de) | Bombe (f) | ['bɔmbə] |
| atoombom (de) | Atombombe (f) | [a'to:m‚bɔmbə] |

pistool (het)	Pistole (f)	[pɪs'to:lə]
geweer (het)	Gewehr (n)	[gə've:ɐ]
machinepistool (het)	Maschinenpistole (f)	[ma'ʃi:nən·pɪs‚to:lə]
machinegeweer (het)	Maschinengewehr (n)	[ma'ʃi:nən·gə‚ve:ɐ]

loop (schietbuis)	Mündung (f)	['mʏndʊŋ]
loop (bijv. geweer met kortere ~)	Lauf (m)	[laʊf]
kaliber (het)	Kaliber (n)	[‚ka'li:bɐ]

trekker (de)	Abzug (m)	['ap‚tsu:k]
korrel (de)	Visier (n)	[vi'zi:ɐ]
magazijn (het)	Magazin (n)	[maga'tsi:n]
geweerkolf (de)	Kolben (m)	[kɔlbən]

| granaat (handgranaat) | Handgranate (f) | ['hant·gʀa‚na:tə] |
| explosieven (mv.) | Sprengstoff (m) | ['ʃpʀɛŋʃtɔf] |

kogel (de)	Kugel (f)	['ku:gəl]
patroon (de)	Patrone (f)	[pa'tʀo:nə]
lading (de)	Ladung (f)	['la:dʊŋ]
ammunitie (de)	Munition (f)	[muni'tsjo:n]

bommenwerper (de)	Bomber (m)	['bɔmbɐ]
straaljager (de)	Kampfflugzeug (n)	['kampfflu:k‚tsɔɪk]
helikopter (de)	Hubschrauber (m)	['hu:pʃʀaʊbɐ]

afweergeschut (het)	Flugabwehrkanone (f)	[flu:k'ʔapve:əka‚no:nə]
tank (de)	Panzer (m)	['pantsɐ]
kanon (tank met een ~ van 76 mm)	Panzerkanone (f)	['pantsɐ‚ka'no:nə]

artillerie (de)	Artillerie (f)	['aʁtɪlɐʀi:]
kanon (het)	Haubitze (f), Kanone (f)	[haʊ'bɪtsə], [ka'no:nə]
aanleggen (een wapen ~)	richten (vt)	['ʀɪçtən]

projectiel (het)	Geschoß (n)	[gə'ʃo:s]
mortiergranaat (de)	Wurfgranate (f)	['vʊʁf·gʀa'na:tə]
mortier (de)	Granatwerfer (m)	[gʀa'na:t‚vɛʁfɐ]
granaatscherf (de)	Splitter (m)	['ʃplɪtɐ]

duikboot (de)	U-Boot (n)	['u:bo:t]
torpedo (de)	Torpedo (m)	[tɔʁ'pe:do]
raket (de)	Rakete (f)	[ʀa'ke:tə]

laden (geweer, kanon)	laden (vt)	['la:dən]
schieten (ww)	schießen (vi)	['ʃi:sən]
richten op (mikken)	zielen auf ...	['tsi:lən aʊf]
bajonet (de)	Bajonett (n)	[‚bajo'nɛt]

degen (de)	Degen (m)	['de:gən]
sabel (de)	Säbel (m)	['zɛ:bəl]
speer (de)	Speer (m)	[ʃpe:ɐ]

boog (de)	Bogen (m)	['bo:gən]
pijl (de)	Pfeil (m)	[pfaɪl]
musket (de)	Muskete (f)	[mʊs'ke:tə]
kruisboog (de)	Armbrust (f)	['aʁm‚bʁʊst]

115. Oude mensen

primitief (bn)	vorzeitlich	['fo:ɐ‚tsaɪtlɪç]
voorhistorisch (bn)	prähistorisch	[‚pʁɛhɪs'to:ʁɪʃ]
eeuwenoude (~ beschaving)	alt	[alt]
Steentijd (de)	Steinzeit (f)	['ʃtaɪn‚tsaɪt]
Bronstijd (de)	Bronzezeit (f)	['bʁɔŋsə‚tsaɪt]
IJstijd (de)	Eiszeit (f)	['aɪs‚tsaɪt]
stam (de)	Stamm (m)	[ʃtam]
menseneter (de)	Kannibale (m)	[kani'ba:lə]
jager (de)	Jäger (m)	['jɛ:gɐ]
jagen (ww)	jagen (vi)	['jagən]
mammoet (de)	Mammut (n)	['mamʊt]
grot (de)	Höhle (f)	['hø:lə]
vuur (het)	Feuer (n)	['fɔɪɐ]
kampvuur (het)	Lagerfeuer (n)	['la:gɐ‚fɔɪɐ]
rotstekening (de)	Höhlenmalerei (f)	['hø:lən‑ma:lə‚ʁaɪ]
werkinstrument (het)	Werkzeug (n)	['vɛʁk‚tsɔɪk]
speer (de)	Speer (m)	[ʃpe:ɐ]
stenen bijl (de)	Steinbeil (n), Steinaxt (f)	['ʃtaɪn‚baɪl], ['ʃtaɪn‚akst]
oorlog voeren (ww)	Krieg führen	[kʁi:k 'fy:ʁən]
temmen (bijv. wolf ~)	domestizieren (vt)	[domɛsti'tsi:ʁən]
idool (het)	Idol (n)	[i'do:l]
aanbidden (ww)	anbeten (vt)	['an‚be:tən]
bijgeloof (het)	Aberglaube (m)	['a:bɐ‚glaʊbə]
ritueel (het)	Ritus (m), Ritual (n)	['ʁi:tʊs], [ʁi'tua:l]
evolutie (de)	Evolution (f)	[evolu'tsjo:n]
ontwikkeling (de)	Entwicklung (f)	[ɛnt'vɪklʊŋ]
verdwijning (de)	Verschwinden (n)	[fɛɐ'ʃvɪndən]
zich aanpassen (ww)	sich anpassen	[zɪç 'an‚pasən]
archeologie (de)	Archäologie (f)	[aʁçeolo'gi:]
archeoloog (de)	Archäologe (m)	[aʁçeo'lo:gə]
archeologisch (bn)	archäologisch	[aʁçeo'lo:gɪʃ]
opgravingsplaats (de)	Ausgrabungsstätte (f)	['aʊsgʁa:bʊŋsˌʃtɛtə]
opgravingen (mv.)	Ausgrabungen (pl)	['aʊsgʁa:bʊŋən]
vondst (de)	Fund (m)	[fʊnt]
fragment (het)	Fragment (n)	[fʁa'gmɛnt]

116. Middeleeuwen

volk (het)	**Volk** (n)	[fɔlk]
volkeren (mv.)	**Völker** (pl)	['fœlkɐ]
stam (de)	**Stamm** (m)	[ʃtam]
stammen (mv.)	**Stämme** (pl)	['ʃtɛmə]

barbaren (mv.)	**Barbaren** (pl)	[baʁ'baːʀən]
Galliërs (mv.)	**Gallier** (pl)	['galɪɐ]
Goten (mv.)	**Goten** (pl)	['goːtən]
Slaven (mv.)	**Slawen** (pl)	['slaːvən]
Vikings (mv.)	**Wikinger** (pl)	['viːkɪŋɐ]

Romeinen (mv.)	**Römer** (pl)	['ʀøːmɐ]
Romeins (bn)	**römisch**	['ʀøːmɪʃ]

Byzantijnen (mv.)	**Byzantiner** (pl)	[bytsan'tiːnɐ]
Byzantium (het)	**Byzanz** (n)	[by'tsants]
Byzantijns (bn)	**byzantinisch**	[bytsan'tiːnɪʃ]

keizer (bijv. Romeinse ~)	**Kaiser** (m)	['kaɪzɐ]
opperhoofd (het)	**Häuptling** (m)	['hɔɪptlɪŋ]
machtig (bn)	**mächtig**	['mɛçtɪç]
koning (de)	**König** (m)	['køːnɪç]
heerser (de)	**Herrscher** (m)	['hɛʁʃɐ]

ridder (de)	**Ritter** (m)	['ʀɪtɐ]
feodaal (de)	**Feudalherr** (m)	[fɔɪ'daːlˌhɛʁ]
feodaal (bn)	**feudal, Feudal-**	[fɔɪ'daːl]
vazal (de)	**Vasall** (m)	[va'zal]

hertog (de)	**Herzog** (m)	['hɛʁtsoːk]
graaf (de)	**Graf** (m)	[gʀaːf]
baron (de)	**Baron** (m)	[ba'ʀoːn]
bisschop (de)	**Bischof** (m)	['bɪʃɔf]

harnas (het)	**Rüstung** (f)	['ʀʏstʊŋ]
schild (het)	**Schild** (m)	[ʃɪlt]
zwaard (het)	**Schwert** (n)	[ʃveːɐt]
vizier (het)	**Visier** (n)	[vi'ziːɐ]
maliënkolder (de)	**Panzerhemd** (n)	['pantsɐˌhɛmt]

kruistocht (de)	**Kreuzzug** (m)	['kʀɔɪtsˌtsuːk]
kruisvaarder (de)	**Kreuzritter** (m)	['kʀɔɪtsˌʀɪtɐ]

gebied (bijv. bezette ~en)	**Territorium** (n)	[tɛʀi'toːʀiʊm]
aanvallen (binnenvallen)	**einfallen** (vt)	['aɪnˌfalən]
veroveren (ww)	**erobern** (vt)	[ɛɐ'ʔoːbɐn]
innemen (binnenvallen)	**besetzen** (vt)	[bə'zɛtsən]

bezetting (de)	**Belagerung** (f)	[bə'laːgəʀʊŋ]
belegerd (bn)	**belagert**	[bə'laːgɐt]
belegeren (ww)	**belagern** (vt)	[bə'laːgɐn]
inquisitie (de)	**Inquisition** (f)	[ɪnkvizi'tsjoːn]
inquisiteur (de)	**Inquisitor** (m)	[ɪnkvi'ziːtoːɐ]

foltering (de)	Folter (f)	['fɔltə]
wreed (bn)	grausam	['gʀaʊˌzaːm]
ketter (de)	Häretiker (m)	[hɛ'ʀetikɐ]
ketterij (de)	Häresie (f)	[hɛʀeˈziː]
zeevaart (de)	Seefahrt (f)	['zeːˌfaːɐt]
piraat (de)	Seeräuber (m)	['zeːˌʀɔɪbɐ]
piraterij (de)	Seeräuberei (f)	['zeːˌʀɔɪbəʀaɪ]
enteren (het)	Enterung (f)	['ɛntɛʀʊŋ]
buit (de)	Beute (f)	['bɔɪtə]
schatten (mv.)	Schätze (pl)	['ʃɛtsə]
ontdekking (de)	Entdeckung (f)	[ɛnt'dɛkʊŋ]
ontdekken (bijv. nieuw land)	entdecken (vt)	[ɛnt'dɛkən]
expeditie (de)	Expedition (f)	[ɛkspediˈtsjoːn]
musketier (de)	Musketier (m)	[mʊskeˈtiːɐ]
kardinaal (de)	Kardinal (m)	[ˌkaʀdi'naːl]
heraldiek (de)	Heraldik (f)	[he'ʀaldɪk]
heraldisch (bn)	heraldisch	[he'ʀaldɪʃ]

117. Leider. Baas. Autoriteiten

koning (de)	König (m)	['køːnɪç]
koningin (de)	Königin (f)	['køːnɪgɪn]
koninklijk (bn)	königlich	['køːnɪklɪç]
koninkrijk (het)	Königreich (n)	['køːnɪkˌʀaɪç]
prins (de)	Prinz (m)	[pʀɪnts]
prinses (de)	Prinzessin (f)	[pʀɪn'tsɛsɪn]
president (de)	Präsident (m)	[pʀɛziˈdɛnt]
vicepresident (de)	Vizepräsident (m)	['fiːtsə-pʀɛziˌdɛnt]
senator (de)	Senator (m)	[zeˈnaːtoːɐ]
monarch (de)	Monarch (m)	[moˈnaʁç]
heerser (de)	Herrscher (m)	['hɛʀʃɐ]
dictator (de)	Diktator (m)	[dɪkˈtaːtoːɐ]
tiran (de)	Tyrann (m)	[tyˈʀan]
magnaat (de)	Magnat (m)	[maˈgnaːt]
directeur (de)	Direktor (m)	[diˈʀɛktoːɐ]
chef (de)	Chef (m)	[ʃɛf]
beheerder (de)	Leiter (m)	['laɪtɐ]
baas (de)	Boss (m)	[bɔs]
eigenaar (de)	Eigentümer (m)	['aɪgəntyːmɐ]
hoofd	Leiter (m)	['laɪtɐ]
(bijv. ~ van de delegatie)		
autoriteiten (mv.)	Behörden (pl)	[bəˈhøːɐdən]
superieuren (mv.)	Vorgesetzten (pl)	['foːɐgəˌzɛtstən]
gouverneur (de)	Gouverneur (m)	[gʊvɛʁˈnøːɐ]
consul (de)	Konsul (m)	['kɔnzʊl]

diplomaat (de)	**Diplomat** (m)	[ˌdiploˈmaːt]
burgemeester (de)	**Bürgermeister** (m)	[ˈbʏʁgɐˌmaɪstɐ]
sheriff (de)	**Sheriff** (m)	[ˈʃɛʁɪf]
keizer (bijv. Romeinse ~)	**Kaiser** (m)	[ˈkaɪzɐ]
tsaar (de)	**Zar** (m)	[tsaːɐ]
farao (de)	**Pharao** (m)	[ˈfaːʀao]
kan (de)	**Khan** (m)	[kaːn]

118. De wet overtreden. Criminelen. Deel 1

bandiet (de)	**Bandit** (m)	[banˈdiːt]
misdaad (de)	**Verbrechen** (n)	[fɛɐˈbʀɛçən]
misdadiger (de)	**Verbrecher** (m)	[fɛɐˈbʀɛçɐ]
dief (de)	**Dieb** (m)	[diːp]
stelen (ww)	**stehlen** (vt)	[ˈʃteːlən]
stelen (de)	**Diebstahl** (m)	[ˈdiːpˌʃtaːl]
diefstal (de)	**Stehlen** (n)	[ˈʃteːlən]
kidnappen (ww)	**kidnappen** (vt)	[ˈkɪtˌnɛpən]
kidnapping (de)	**Kidnapping** (n)	[ˈkɪtˌnɛpɪŋ]
kidnapper (de)	**Kidnapper** (m)	[ˈkɪtˌnɛpɐ]
losgeld (het)	**Lösegeld** (n)	[ˈløːzəˌgɛlt]
eisen losgeld (ww)	**Lösegeld verlangen**	[ˈløːzəˌgɛlt fɛɐˈlaŋən]
overvallen (ww)	**rauben** (vt)	[ˈʀaʊbən]
overval (de)	**Raub** (m)	[ˈʀaʊp]
overvaller (de)	**Räuber** (m)	[ˈʀɔɪbɐ]
afpersen (ww)	**erpressen** (vt)	[ɛɐˈpʀɛsən]
afperser (de)	**Erpresser** (m)	[ɛɐˈpʀɛsɐ]
afpersing (de)	**Erpressung** (f)	[ɛɐˈpʀɛsʊŋ]
vermoorden (ww)	**morden** (vt)	[ˈmɔʁdən]
moord (de)	**Mord** (m)	[mɔʁt]
moordenaar (de)	**Mörder** (m)	[ˈmœʁdɐ]
schot (het)	**Schuss** (m)	[ʃʊs]
een schot lossen	**schießen** (vt)	[ˈʃiːsən]
neerschieten (ww)	**erschießen** (vt)	[ɛɐˈʃiːsən]
schieten (ww)	**feuern** (vi)	[ˈfɔɪɐn]
schieten (het)	**Schießerei** (f)	[ʃiːsəˈʀaɪ]
ongeluk (gevecht, enz.)	**Vorfall** (m)	[ˈfoːɐfal]
gevecht (het)	**Schlägerei** (f)	[ʃlɛːgəˈʀaɪ]
Help!	**Hilfe!**	[ˈhɪlfə]
slachtoffer (het)	**Opfer** (n)	[ˈɔpfɐ]
beschadigen (ww)	**beschädigen** (vt)	[bəˈʃɛːdɪgən]
schade (de)	**Schaden** (m)	[ˈʃaːdən]
lijk (het)	**Leiche** (f)	[ˈlaɪçə]
zwaar (~ misdrijf)	**schwer**	[ʃveːɐ]

aanvallen (ww)	angreifen (vt)	['anˌgʀaɪfən]
slaan (iemand ~)	schlagen (vt)	['ʃlaːgən]
in elkaar slaan (toetakelen)	verprügeln (vt)	[fɛɐ'pʀyːgəln]
ontnemen (beroven)	wegnehmen (vt)	['vɛkˌneːmən]
steken (met een mes)	erstechen (vt)	[ɛɐ'ʃtɛçən]
verminken (ww)	verstümmeln (vt)	[fɛɐ'ʃtʏməln]
verwonden (ww)	verwunden (vt)	[fɛɐ'vʊndən]
chantage (de)	Erpressung (f)	[ɛɐ'pʀɛsʊŋ]
chanteren (ww)	erpressen (vt)	[ɛɐ'pʀɛsən]
chanteur (de)	Erpresser (m)	[ɛɐ'pʀɛsɐ]
afpersing (de)	Schutzgelderpressung (f)	['ʃʊtsgɛlt?ɛɐˌpʀɛsʊŋ]
afperser (de)	Erpresser (m)	[ɛɐ'pʀɛsɐ]
gangster (de)	Gangster (m)	['gɛŋstɐ]
maffia (de)	Mafia (f)	['mafɪa]
kruimeldief (de)	Taschendieb (m)	['taʃənˌdiːp]
inbreker (de)	Einbrecher (m)	['aɪnˌbʀɛçɐ]
smokkelen (het)	Schmuggel (m)	['ʃmʊgəl]
smokkelaar (de)	Schmuggler (m)	['ʃmʊglɐ]
namaak (de)	Fälschung (f)	['fɛlʃʊŋ]
namaken (ww)	fälschen (vt)	['fɛlʃən]
namaak-, vals (bn)	gefälscht	[gə'fɛlʃt]

119. De wet overtreden. Criminelen. Deel 2

verkrachting (de)	Vergewaltigung (f)	[fɛɐgə'valtɪgʊŋ]
verkrachten (ww)	vergewaltigen (vt)	[fɛɐgə'valtɪgən]
verkrachter (de)	Gewalttäter (m)	[gə'valtˌtɛːtɐ]
maniak (de)	Besessene (m)	[bə'zɛsənə]
prostituee (de)	Prostituierte (f)	[ˌpʀostitu'iːɐtə]
prostitutie (de)	Prostitution (f)	[pʀostitu'tsjoːn]
pooier (de)	Zuhälter (m)	['tsuːˌhɛltɐ]
drugsverslaafde (de)	Drogenabhängiger (m)	['dʀoːgən?aphɛŋɪgɐ]
drugshandelaar (de)	Drogenhändler (m)	['dʀoːgənˌhɛndlɐ]
opblazen (ww)	sprengen (vt)	['ʃpʀɛŋən]
explosie (de)	Explosion (f)	[ɛksplo'zjoːn]
in brand steken (ww)	in Brand stecken	[ɪn bʀant 'ʃtɛkən]
brandstichter (de)	Brandstifter (m)	['bʀantʃtɪftɐ]
terrorisme (het)	Terrorismus (m)	[tɛʀo'ʀɪsmʊs]
terrorist (de)	Terrorist (m)	[tɛʀo'ʀɪst]
gijzelaar (de)	Geisel (m, f)	['gaɪzəl]
bedriegen (ww)	betrügen (vt)	[bə'tʀyːgən]
bedrog (het)	Betrug (m)	[bə'tʀuːk]
oplichter (de)	Betrüger (m)	[bə'tʀyːgɐ]
omkopen (ww)	bestechen (vt)	[bə'ʃtɛçən]
omkoperij (de)	Bestechlichkeit (f)	[bə'ʃtɛçlɪçkaɪt]

smeergeld (het)	Bestechungsgeld (n)	[bə'ʃtɛçʊŋsˌgɛlt]
vergif (het)	Gift (n)	[gɪft]
vergiftigen (ww)	vergiften (vt)	[fɛɐ'gɪftən]
vergif innemen (ww)	sich vergiften	[zɪç fɛɐ'gɪftən]

zelfmoord (de)	Selbstmord (m)	['zɛlpstˌmɔʁt]
zelfmoordenaar (de)	Selbstmörder (m)	['zɛlpstˌmœʁdɐ]

bedreigen (bijv. met een pistool)	drohen (vi)	['dʀoːən]
bedreiging (de)	Drohung (f)	['dʀoːʊŋ]
een aanslag plegen	versuchen (vt)	[fɛɐ'zuːxən]
aanslag (de)	Attentat (n)	['atəntaːt]

stelen (een auto)	stehlen (vt)	['ʃteːlən]
kapen (een vliegtuig)	entführen (vt)	[ɛnt'fyːʀən]

wraak (de)	Rache (f)	['ʀaxə]
wreken (ww)	sich rächen	[zɪç 'ʀɛçən]

martelen (gevangenen)	foltern (vt)	['fɔltɐn]
foltering (de)	Folter (f)	['fɔltɐ]
folteren (ww)	quälen (vt)	['kvɛːlən]

piraat (de)	Seeräuber (m)	['zeːˌʀɔɪbɐ]
straatschender (de)	Rowdy (m)	['ʀaʊdi]
gewapend (bn)	bewaffnet	[bə'vafnət]
geweld (het)	Gewalt (f)	[gə'valt]
onwettig (strafbaar)	ungesetzlich	['ʊngəˌzɛtslɪç]

spionage (de)	Spionage (f)	[ʃpio'naːʒə]
spioneren (ww)	spionieren (vi)	[ʃpɪo'niːʀən]

120. Politie. Wet. Deel 1

justitie (de)	Justiz (f)	[jʊs'tiːts]
gerechtshof (het)	Gericht (n)	[gə'ʀɪçt]

rechter (de)	Richter (m)	['ʀɪçtɐ]
jury (de)	Geschworenen (pl)	[gə'ʃvoːʀənən]
juryrechtspraak (de)	Geschworenengericht (n)	[gə'ʃvoːʀənən·gəˌʀɪçt]
berechten (ww)	richten (vt)	['ʀɪçtən]

advocaat (de)	Rechtsanwalt (m)	['ʀɛçtsʔanˌvalt]
beklaagde (de)	Angeklagte (m)	['angəˌklaːktə]
beklaagdenbank (de)	Anklagebank (f)	['anklaːgə·baŋk]

beschuldiging (de)	Anklage (f)	['anklaːgə]
beschuldigde (de)	Beschuldigte (m)	[bə'ʃʊldɪçtə]

vonnis (het)	Urteil (n)	['ʊʁˌtaɪl]
veroordelen (in een rechtszaak)	verurteilen (vt)	[fɛɐ'ʔʊʁtaɪlən]
schuldige (de)	Schuldige (m)	['ʃʊldɪgə]

straffen (ww)	bestrafen (vt)	[bə'ʃtʀa:fən]
bestraffing (de)	Strafe (f)	['ʃtʀa:fə]

boete (de)	Geldstrafe (f)	['gɛlt͜ʃtʀa:fə]
levenslange opsluiting (de)	lebenslange Haft (f)	['le:bəns͜lanə haft]
doodstraf (de)	Todesstrafe (f)	['to:dəs͜ʃtʀa:fə]
elektrische stoel (de)	elektrischer Stuhl (m)	[e'lɛktʀɪʃɐ ʃtu:l]
schavot (het)	Galgen (m)	[galgən]

executeren (ww)	hinrichten (vt)	['hɪn͜ʀɪçtən]
executie (de)	Hinrichtung (f)	['hɪn͜ʀɪçtʊŋ]

gevangenis (de)	Gefängnis (n)	[gə'fɛŋnɪs]
cel (de)	Zelle (f)	['tsɛlə]

konvooi (het)	Eskorte (f)	[ɛs'kɔʀtə]
gevangenisbewaker (de)	Gefängniswärter (m)	[gə'fɛŋnɪs͜vɛʀtɐ]
gedetineerde (de)	Gefangene (m)	[gə'faŋənə]

handboeien (mv.)	Handschellen (pl)	['hant͜ʃɛlən]
handboeien omdoen	Handschellen anlegen	['hant͜ʃɛlən 'an͜le:gən]

ontsnapping (de)	Ausbruch (m)	['aʊs͜bʀʊx]
ontsnappen (ww)	ausbrechen (vi)	['aʊs͜bʀɛçən]
verdwijnen (ww)	verschwinden (vi)	[fɛɐ'ʃvɪndən]
vrijlaten (uit de gevangenis)	aus ... entlassen	['aʊs ... ɛnt'lasn]
amnestie (de)	Amnestie (f)	[amnɛs'ti:]

politie (de)	Polizei (f)	[͜poli'tsaɪ]
politieagent (de)	Polizist (m)	[poli'tsɪst]
politiebureau (het)	Polizeiwache (f)	[poli'tsaɪ͜vaxə]
knuppel (de)	Gummiknüppel (m)	['gʊmi͜knʏpəl]
megafoon (de)	Sprachrohr (n)	['ʃpʀa:x͜ʀo:ɐ]

patrouilleerwagen (de)	Streifenwagen (m)	['ʃtʀaɪfən͜va:gən]
sirene (de)	Sirene (f)	[͜zi'ʀe:nə]
de sirene aansteken	die Sirene einschalten	[di ͜zi'ʀe:nə 'aɪn͜ʃaltən]
geloei (het) van de sirene	Sirenengeheul (n)	[zi'ʀe:nən·gə'hɔɪl]

plaats delict (de)	Tatort (m)	['ta:t͜ʔɔʀt]
getuige (de)	Zeuge (m)	['tsɔɪgə]
vrijheid (de)	Freiheit (f)	['fʀaɪhaɪt]
handlanger (de)	Komplize (m)	[kɔm'pli:tsə]
ontvluchten (ww)	verschwinden (vi)	[fɛɐ'ʃvɪndən]
spoor (het)	Spur (f)	[ʃpu:ɐ]

121. Politie. Wet. Deel 2

opsporing (de)	Fahndung (f)	['fa:ndʊŋ]
opsporen (ww)	suchen (vt)	['zu:xən]
verdenking (de)	Verdacht (m)	[fɛɐ'daxt]
verdacht (bn)	verdächtig	[fɛɐ'dɛçtɪç]
aanhouden (stoppen)	anhalten (vt)	['an͜haltən]
tegenhouden (ww)	verhaften (vt)	[fɛɐ'haftən]

strafzaak (de)	Fall (m), Klage (f)	[fa:l], ['kla:gə]
onderzoek (het)	Untersuchung (f)	[ʊnte'zu:χʊŋ]
detective (de)	Detektiv (m)	[detɛk'ti:f]
onderzoeksrechter (de)	Ermittlungsrichter (m)	[ɛɐ'mɪtlʊŋsˌʀɪçtɐ]
versie (de)	Version (f)	[vɛʀ'zjo:n]

motief (het)	Motiv (n)	[mo'ti:f]
verhoor (het)	Verhör (n)	[fɛɐ'hø:ɐ]
ondervragen (door de politie)	verhören (vt)	[fɛɐ'hø:ʀən]
ondervragen (omstanders ~)	vernehmen (vt)	[fɛɐ'ne:mən]
controle (de)	Kontrolle, Prüfung (f)	[kɔn'tʀɔlə], ['pʀy:fʊŋ]

razzia (de)	Razzia (f)	['ʀatsɪa]
huiszoeking (de)	Durchsuchung (f)	[dʊʀç'zu:χʊŋ]
achtervolging (de)	Verfolgung (f)	[fɛɐ'fɔlgʊŋ]
achtervolgen (ww)	nachjagen (vi)	['na:χˌja:gən]
opsporen (ww)	verfolgen (vt)	[fɛɐ'fɔlgən]

arrest (het)	Verhaftung (f)	[fɛɐ'haftʊŋ]
arresteren (ww)	verhaften (vt)	[fɛɐ'haftən]
vangen, aanhouden (een dief, enz.)	fangen (vt)	['faŋən]
aanhouding (de)	Festnahme (f)	['fɛstˌna:mə]

document (het)	Dokument (n)	[ˌdoku'mɛnt]
bewijs (het)	Beweis (m)	[bə'vaɪs]
bewijzen (ww)	beweisen (vt)	[bə'vaɪzən]
voetspoor (het)	Fußspur (f)	['fu:sˌʃpu:ɐ]
vingerafdrukken (mv.)	Fingerabdrücke (pl)	['fɪŋɐˌʔapdʀʏkə]
bewijs (het)	Beweisstück (n)	[bə'vaɪsʃtʏk]

alibi (het)	Alibi (n)	['a:libi]
onschuldig (bn)	unschuldig	['ʊnʃʊldɪç]
onrecht (het)	Ungerechtigkeit (f)	['ʊngəˌʀɛçtɪçkaɪt]
onrechtvaardig (bn)	ungerecht	['ʊngəˌʀɛçt]

crimineel (bn)	Kriminal-	[kʀimi'na:l]
confisqueren (in beslag nemen)	beschlagnahmen (vt)	[bə'ʃla:kˌna:mən]
drug (de)	Droge (f)	['dʀo:gə]
wapen (het)	Waffe (f)	['vafə]
ontwapenen (ww)	entwaffnen (vt)	[ɛnt'vafnən]
bevelen (ww)	befehlen (vt)	[ˌbə'fe:lən]
verdwijnen (ww)	verschwinden (vi)	[fɛɐ'ʃvɪndən]

wet (de)	Gesetz (n)	[gə'zɛts]
wettelijk (bn)	gesetzlich	[gə'zɛtslɪç]
onwettelijk (bn)	ungesetzlich	['ʊngəˌzɛtslɪç]

| verantwoordelijkheid (de) | Verantwortlichkeit (f) | [fɛɐ'ʔantvɔʀtlɪçkaɪt] |
| verantwoordelijk (bn) | verantwortlich | [fɛɐ'ʔantvɔʀtlɪç] |

NATUUR

De Aarde. Deel 1

122. De kosmische ruimte

kosmos (de)	Kosmos (m)	['kɔsmɔs]
kosmisch (bn)	kosmisch, Raum-	['kɔsmɪʃ], ['ʀaʊm]
kosmische ruimte (de)	Weltraum (m)	['vɛltʀaʊm]
wereld (de)	All (n)	[al]
heelal (het)	Universum (n)	[uni'vɛʀzʊm]
sterrenstelsel (het)	Galaxie (f)	[gala'ksiː]
ster (de)	Stern (m)	[ʃtɛʀn]
sterrenbeeld (het)	Gestirn (n)	[ɡəˈʃtɪʀn]
planeet (de)	Planet (m)	[plaˈneːt]
satelliet (de)	Satellit (m)	[zatɛˈliːt]
meteoriet (de)	Meteorit (m)	[meteoˈʀiːt]
komeet (de)	Komet (m)	[koˈmeːt]
asteroïde (de)	Asteroid (m)	[asteʀoˈiːt]
baan (de)	Umlaufbahn (f)	['ʊmlaʊfˌbaːn]
draaien (om de zon, enz.)	sich drehen	[zɪç 'dʀeːən]
atmosfeer (de)	Atmosphäre (f)	[ʔatmoˈsfɛːʀə]
Zon (de)	Sonne (f)	['zɔnə]
zonnestelsel (het)	Sonnensystem (n)	['zɔnən·zʏsˌteːm]
zonsverduistering (de)	Sonnenfinsternis (f)	['zɔnənˌfɪnstɛnɪs]
Aarde (de)	Erde (f)	['eːɐdə]
Maan (de)	Mond (m)	[moːnt]
Mars (de)	Mars (m)	[maʀs]
Venus (de)	Venus (f)	['veːnʊs]
Jupiter (de)	Jupiter (m)	['juːpitɐ]
Saturnus (de)	Saturn (m)	[zaˈtʊʀn]
Mercurius (de)	Merkur (m)	[mɛʀˈkuːɐ]
Uranus (de)	Uran (m)	[uˈʀaːn]
Neptunus (de)	Neptun (m)	[nɛpˈtuːn]
Pluto (de)	Pluto (m)	['pluːto]
Melkweg (de)	Milchstraße (f)	['mɪlçˌʃtʀaːsə]
Grote Beer (de)	Der Große Bär	[deːɐ 'ɡʀoːsə bɛːɐ]
Poolster (de)	Polarstern (m)	[poˈlaːɐˌʃtɛʀn]
marsmannetje (het)	Marsbewohner (m)	['maʀsbəˌvoːnɐ]
buitenaards wezen (het)	Außerirdischer (m)	['aʊsəˌʔɪʀdɪʃɐ]

bovenaards (het)	außerirdisches Wesen (n)	[ˈaʊsɐˌʔɪʁdɪʃəs ˈveːzən]
vliegende schotel (de)	fliegende Untertasse (f)	[ˈfliːɡəndə ˈʊntɐˌtasə]
ruimtevaartuig (het)	Raumschiff (n)	[ˈʀaʊmˌʃɪf]
ruimtestation (het)	Raumstation (f)	[ˈʀaʊmˈʃtatsjoːn]
start (de)	Raketenstart (m)	[ʀaˈkeːtənˌʃtaʁt]
motor (de)	Triebwerk (n)	[ˈtʀiːpˌvɛʁk]
straalpijp (de)	Düse (f)	[ˈdyːzə]
brandstof (de)	Treibstoff (m)	[ˈtʀaɪpˌʃtɔf]
cabine (de)	Kabine (f)	[kaˈbiːnə]
antenne (de)	Antenne (f)	[anˈtɛnə]
patrijspoort (de)	Bullauge (n)	[ˈbʊlˌʔaʊɡə]
zonnebatterij (de)	Sonnenbatterie (f)	[ˈzɔnənˌbatəˈʀiː]
ruimtepak (het)	Raumanzug (m)	[ˈʀaʊmˌʔantsuːk]
gewichtloosheid (de)	Schwerelosigkeit (f)	[ˈʃveːʀəˌloːzɪçkaɪt]
zuurstof (de)	Sauerstoff (m)	[ˈzaʊɐˌʃtɔf]
koppeling (de)	Ankopplung (f)	[ˈaŋkɔplʊŋ]
koppeling maken	koppeln (vi)	[ˈkɔpəln]
observatorium (het)	Observatorium (n)	[ɔpzɛʁvaˈtoːʀiʊm]
telescoop (de)	Teleskop (n)	[teleˈskoːp]
waarnemen (ww)	beobachten (vt)	[bəˈʔoːbaxtən]
exploreren (ww)	erforschen (vt)	[ɛɐˈfɔʁʃən]

123. De Aarde

Aarde (de)	Erde (f)	[ˈeːɐdə]
aardbol (de)	Erdkugel (f)	[ˈeːɐtˈkuːɡəl]
planeet (de)	Planet (m)	[plaˈneːt]
atmosfeer (de)	Atmosphäre (f)	[ʔatmoˈsfɛːʀə]
aardrijkskunde (de)	Geographie (f)	[ˌɡeoɡʀaˈfiː]
natuur (de)	Natur (f)	[naˈtuːɐ]
wereldbol (de)	Globus (m)	[ˈɡloːbʊs]
kaart (de)	Landkarte (f)	[ˈlantˌkaʁtə]
atlas (de)	Atlas (m)	[ˈatlas]
Europa (het)	Europa (n)	[ɔɪˈʀoːpa]
Azië (het)	Asien (n)	[ˈaːziən]
Afrika (het)	Afrika (n)	[ˈaːfʀika]
Australië (het)	Australien (n)	[aʊsˈtʀaːlɪən]
Amerika (het)	Amerika (n)	[aˈmeːʀika]
Noord-Amerika (het)	Nordamerika (n)	[ˈnɔʁtʔaˌmeːʀika]
Zuid-Amerika (het)	Südamerika (n)	[ˈzyːtʔaˈmeːʀika]
Antarctica (het)	Antarktis (f)	[antˈʔaʁktɪs]
Arctis (de)	Arktis (f)	[ˈaʁktɪs]

124. Windrichtingen

noorden (het)	**Norden** (m)	['nɔʁdən]
naar het noorden	**nach Norden**	[naːχ 'nɔʁdən]
in het noorden	**im Norden**	[ɪm 'nɔʁdən]
noordelijk (bn)	**nördlich**	['nœʁtlɪç]

zuiden (het)	**Süden** (m)	['zyːdən]
naar het zuiden	**nach Süden**	[naːχ 'zyːdən]
in het zuiden	**im Süden**	[ɪm 'zyːdən]
zuidelijk (bn)	**südlich**	['zyːtlɪç]

westen (het)	**Westen** (m)	['vɛstən]
naar het westen	**nach Westen**	[naːχ 'vɛstən]
in het westen	**im Westen**	[ɪm 'vɛstən]
westelijk (bn)	**westlich, West-**	['vɛstlɪç], [vɛst]

oosten (het)	**Osten** (m)	['ɔstən]
naar het oosten	**nach Osten**	[naːχ 'ɔstən]
in het oosten	**im Osten**	[ɪm 'ɔstən]
oostelijk (bn)	**östlich**	['œstlɪç]

125. Zee. Oceaan

zee (de)	**Meer** (n), **See** (f)	[meːɐ], [zeː]
oceaan (de)	**Ozean** (m)	['oːtseaːn]
golf (baai)	**Golf** (m)	[gɔlf]
straat (de)	**Meerenge** (f)	['meːɐˌʔɛŋə]

grond (vaste grond)	**Festland** (n)	['fɛstˌlant]
continent (het)	**Kontinent** (m)	['kɔntinɛnt]
eiland (het)	**Insel** (f)	['ɪnzəl]
schiereiland (het)	**Halbinsel** (f)	['halpˌʔɪnzəl]
archipel (de)	**Archipel** (m)	[ˌaʁçi'peːl]

baai, bocht (de)	**Bucht** (f)	[bʊχt]
haven (de)	**Hafen** (m)	['haːfən]
lagune (de)	**Lagune** (f)	[la'guːnə]
kaap (de)	**Kap** (n)	[kap]

atol (de)	**Atoll** (n)	[a'tɔl]
rif (het)	**Riff** (n)	[ʁɪf]
koraal (het)	**Koralle** (f)	[ko'ʁalə]
koraalrif (het)	**Korallenriff** (n)	[ko'ʁalənˌʁɪf]

diep (bn)	**tief**	[tiːf]
diepte (de)	**Tiefe** (f)	['tiːfə]
diepzee (de)	**Abgrund** (m)	['apˌgʁʊnt]
trog (bijv. Marianentrog)	**Graben** (m)	['gʁaːbən]

stroming (de)	**Strom** (m)	[ʃtʁoːm]
omspoelen (ww)	**umspülen** (vt)	['ʊmˌʃpyːlən]
oever (de)	**Ufer** (n)	['uːfɐ]

kust (de)	Küste (f)	['kʏstə]
vloed (de)	Flut (f)	[fluːt]
eb (de)	Ebbe (f)	['ɛbə]
ondiepte (ondiep water)	Sandbank (f)	['zant̩baŋk]
bodem (de)	Boden (m)	['boːdən]

golf (hoge ~)	Welle (f)	['vɛlə]
golfkam (de)	Wellenkamm (m)	['vɛlən̩kam]
schuim (het)	Schaum (m)	[ʃaʊm]

orkaan (de)	Orkan (m)	[ɔʁ'kaːn]
tsunami (de)	Tsunami (m)	[tsu'naːmi]
windstilte (de)	Windstille (f)	['vɪntʃtɪlə]
kalm (bijv. ~e zee)	ruhig	['ʀuːɪç]

| pool (de) | Pol (m) | [poːl] |
| polair (bn) | Polar- | [po'laːɐ] |

breedtegraad (de)	Breite (f)	['bʀaɪtə]
lengtegraad (de)	Länge (f)	['lɛŋə]
parallel (de)	Breitenkreis (m)	['bʀaɪtəən·kʀaɪs]
evenaar (de)	Äquator (m)	[ɛ'kvaːtoːɐ]

hemel (de)	Himmel (m)	['hɪməl]
horizon (de)	Horizont (m)	[hoʀi'tsɔnt]
lucht (de)	Luft (f)	[lʊft]

vuurtoren (de)	Leuchtturm (m)	['lɔɪçt̩tʊʁm]
duiken (ww)	tauchen (vi)	['taʊxən]
zinken (ov. een boot)	versinken (vi)	[fɛɐ'zɪŋkən]
schatten (mv.)	Schätze (pl)	['ʃɛtsə]

126. Namen van zeeën en oceanen

Atlantische Oceaan (de)	Atlantischer Ozean (m)	[at̩lantɪʃɐ 'oːtseaːn]
Indische Oceaan (de)	Indischer Ozean (m)	['ɪndɪʃɐ 'oːtseaːn]
Stille Oceaan (de)	Pazifischer Ozean (m)	[pa'tsiːfɪʃɐ 'oːtseaːn]
Noordelijke IJszee (de)	Arktischer Ozean (m)	['aʁktɪʃɐ 'oːtseaːn]

Zwarte Zee (de)	Schwarzes Meer (n)	['ʃvaʁtsəs 'meːɐ]
Rode Zee (de)	Rotes Meer (n)	['ʀoːtəs 'meːɐ]
Gele Zee (de)	Gelbes Meer (n)	['gɛlbəs 'meːɐ]
Witte Zee (de)	Weißes Meer (n)	[vaɪsəs 'meːɐ]

Kaspische Zee (de)	Kaspisches Meer (n)	['kaspɪʃəs meːɐ]
Dode Zee (de)	Totes Meer (n)	['toːtəs meːɐ]
Middellandse Zee (de)	Mittelmeer (n)	['mɪtəl̩meːɐ]

| Egeïsche Zee (de) | Ägäisches Meer (n) | [ɛ'gɛːɪʃəs 'meːɐ] |
| Adriatische Zee (de) | Adriatisches Meer (n) | [adʀi'aːtɪʃəs 'meːɐ] |

Arabische Zee (de)	Arabisches Meer (n)	[a'ʀaːbɪʃəs 'meːɐ]
Japanse Zee (de)	Japanisches Meer (n)	[ja'paːnɪʃəs meːɐ]
Beringzee (de)	Beringmeer (n)	['beːʀɪŋ̩meːɐ]

Zuid-Chinese Zee (de)	Südchinesisches Meer (n)	['zy:t·çi'ne:zɪʃəs me:ɐ]
Koraalzee (de)	Korallenmeer (n)	[ko'ʀalən‚me:ɐ]
Tasmanzee (de)	Tasmansee (f)	[tas'ma:n·ze:]
Caribische Zee (de)	Karibisches Meer (n)	[ka'ʀi:bɪʃəs 'me:ɐ]

| Barentszzee (de) | Barentssee (f) | ['ba:ʀənts·ze:] |
| Karische Zee (de) | Karasee (f) | ['kaʀa‚ze:] |

Noordzee (de)	Nordsee (f)	['nɔʁt‚ze:]
Baltische Zee (de)	Ostsee (f)	['ɔstze:]
Noorse Zee (de)	Nordmeer (n)	['nɔʁt‚me:ɐ]

127. Bergen

berg (de)	Berg (m)	[bɛʁk]
bergketen (de)	Gebirgskette (f)	[gə'bɪʁks‚kɛtə]
gebergte (het)	Bergrücken (m)	['bɛʁk‚ʀʏkən]

bergtop (de)	Gipfel (m)	['gɪpfəl]
bergpiek (de)	Spitze (f)	['ʃpɪtsə]
voet (ov. de berg)	Bergfuß (m)	['bɛʁk‚fu:s]
helling (de)	Abhang (m)	['ap‚haŋ]

vulkaan (de)	Vulkan (m)	[vʊl'ka:n]
actieve vulkaan (de)	tätiger Vulkan (m)	['tɛ:tɪgə vʊl'ka:n]
uitgedoofde vulkaan (de)	schlafender Vulkan (m)	['ʃla:fəndə vʊl'ka:n]

uitbarsting (de)	Ausbruch (m)	['aʊs‚bʀʊx]
krater (de)	Krater (m)	['kʀa:tɐ]
magma (het)	Magma (n)	['magma]
lava (de)	Lava (f)	['la:va]
gloeiend (~e lava)	glühend heiß	['gly:ənt 'haɪs]

kloof (canyon)	Cañon (m)	[ka'njɔn]
bergkloof (de)	Schlucht (f)	[ʃlʊxt]
spleet (de)	Spalte (f)	['ʃpaltə]
afgrond (de)	Abgrund (m)	['ap‚gʀʊnt]

bergpas (de)	Gebirgspass (m)	[gə'bɪʁks‚pas]
plateau (het)	Plateau (n)	[pla'to:]
klip (de)	Fels (m)	[fɛls]
heuvel (de)	Hügel (m)	['hy:gəl]

gletsjer (de)	Gletscher (m)	['glɛtʃɐ]
waterval (de)	Wasserfall (m)	['vasɐ‚fal]
geiser (de)	Geiser (m)	['gaɪzɐ]
meer (het)	See (m)	[ze:]

vlakte (de)	Ebene (f)	['e:bənə]
landschap (het)	Landschaft (f)	['lantʃaft]
echo (de)	Echo (n)	['ɛço]

| alpinist (de) | Bergsteiger (m) | ['bɛʁk‚ʃtaɪgɐ] |
| bergbeklimmer (de) | Kletterer (m) | ['klɛtəʀɐ] |

trotseren (berg ~)	bezwingen (vt)	[bə'tsvɪŋən]
beklimming (de)	Aufstieg (m)	['aʊfˌʃtiːk]

128. Bergen namen

Alpen (de)	Alpen (pl)	['alpən]
Mont Blanc (de)	Montblanc (m)	[mɔŋ'blaŋ]
Pyreneeën (de)	Pyrenäen (pl)	[pyʁe'nɛːən]
Karpaten (de)	Karpaten (pl)	[kaʁ'paːtən]
Oeralgebergte (het)	Ural (m), Uralgebirge (n)	[u'ʁaːl], [u'ʁaːl·gə'bɪʁgə]
Kaukasus (de)	Kaukasus (m)	['kaʊkazʊs]
Elbroes (de)	Elbrus (m)	[ɛl'bʁʊs]
Altaj (de)	Altai (m)	[al'taɪ]
Tiensjan (de)	Tian Shan (m)	['tjaːn 'ʃaːn]
Pamir (de)	Pamir (m)	[pa'miːɐ]
Himalaya (de)	Himalaja (m)	[hima'laːja]
Everest (de)	Everest (m)	['ɛvəʁɛst]
Andes (de)	Anden (pl)	['andən]
Kilimanjaro (de)	Kilimandscharo (m)	[kiliman'dʒaːʁo]

129. Rivieren

rivier (de)	Fluss (m)	[flʊs]
bron (~ van een rivier)	Quelle (f)	['kvɛlə]
rivierbedding (de)	Flussbett (n)	['flʊsˌbɛt]
rivierbekken (het)	Stromgebiet (n)	['ʃtʁoːmˌgə'biːt]
uitmonden in ...	einmünden in ...	['aɪnˌmʏndən ɪn]
zijrivier (de)	Nebenfluss (m)	['neːbənˌflʊs]
oever (de)	Ufer (n)	['uːfɐ]
stroming (de)	Strom (m)	[ʃtʁoːm]
stroomafwaarts (bw)	stromabwärts	['ʃtʁoːmˌapvɛʁts]
stroomopwaarts (bw)	stromaufwärts	['ʃtʁoːmˌaʊfvɛʁts]
overstroming (de)	Überschwemmung (f)	[yːbɐ'ʃvɛmʊŋ]
overstroming (de)	Hochwasser (n)	['hoːχˌvasɐ]
buiten zijn oevers treden	aus den Ufern treten	['aʊs den 'uːfɐn 'tʁeːtən]
overstromen (ww)	überfluten (vt)	[ˌyːbɐ'fluːtən]
zandbank (de)	Sandbank (f)	['zantˌbaŋk]
stroomversnelling (de)	Stromschnelle (f)	['ʃtʁoːmˌʃnɛlə]
dam (de)	Damm (m)	[dam]
kanaal (het)	Kanal (m)	[ka'naːl]
spaarbekken (het)	Stausee (m)	['ʃtaʊzeː]
sluis (de)	Schleuse (f)	['ʃlɔɪzə]
waterlichaam (het)	Gewässer (n)	[gə'vɛsɐ]
moeras (het)	Sumpf (m), Moor (n)	[zʊmpf], [moːɐ]

broek (het)	Marsch (f)	[maʁʃ]
draaikolk (de)	Strudel (m)	[ˈʃtʀuːdəl]
stroom (de)	Bach (m)	[baχ]
drink- (abn)	Trink-	[ˈtʀɪŋk]
zoet (~ water)	Süß-	[zyːs]
ijs (het)	Eis (n)	[aɪs]
bevriezen (rivier, enz.)	zufrieren (vi)	[ˈtsuːˌfʀiːʀən]

130. Namen van rivieren

Seine (de)	Seine (f)	[ˈzɛːnə]
Loire (de)	Loire (f)	[luˈaːʀ]
Theems (de)	Themse (f)	[ˈtɛmzə]
Rijn (de)	Rhein (m)	[ʀaɪn]
Donau (de)	Donau (f)	[ˈdoːnaʊ]
Wolga (de)	Wolga (f)	[ˈvoːlga]
Don (de)	Don (m)	[dɔn]
Lena (de)	Lena (f)	[ˈleːna]
Gele Rivier (de)	Geber Fluss (m)	[ˈgɛlbɐ ˈflʊs]
Blauwe Rivier (de)	Jangtse (m)	[ˈjangtsɛ]
Mekong (de)	Mekong (m)	[ˈmeːkɔŋ]
Ganges (de)	Ganges (m)	[ˈgaŋgɛs], [ˈgaŋəs]
Nijl (de)	Nil (m)	[niːl]
Kongo (de)	Kongo (m)	[ˈkɔŋgo]
Okavango (de)	Okavango (m)	[ɔkaˈvaŋgo]
Zambezi (de)	Sambesi (m)	[zamˈbeːzi]
Limpopo (de)	Limpopo (m)	[limpɔˈpo]
Mississippi (de)	Mississippi (m)	[mɪsɪˈsɪpi]

131. Bos

bos (het)	Wald (m)	[valt]
bos- (abn)	Wald-	[ˈvalt]
oerwoud (dicht bos)	Dickicht (n)	[ˈdɪkɪçt]
bosje (klein bos)	Gehölz (n)	[gəˈhœlts]
open plek (de)	Lichtung (f)	[ˈlɪçtʊŋ]
struikgewas (het)	Dickicht (n)	[ˈdɪkɪçt]
struiken (mv.)	Gebüsch (n)	[gəˈbyʃ]
paadje (het)	Fußweg (m)	[ˈfuːsˌveːk]
ravijn (het)	Erosionsrinne (f)	[eʀoˈzɪoːnsˈʀɪnə]
boom (de)	Baum (m)	[baʊm]
blad (het)	Blatt (n)	[blat]

gebladerte (het)	Laub (n)	[laʊp]
vallende bladeren (mv.)	Laubfall (m)	['laʊpˌfal]
vallen (ov. de bladeren)	fallen (vi)	['falən]
boomtop (de)	Wipfel (m)	['vɪpfəl]

tak (de)	Zweig (m)	[tsvaɪk]
ent (de)	Ast (m)	[ast]
knop (de)	Knospe (f)	['knɔspə]
naald (de)	Nadel (f)	['naːdəl]
dennenappel (de)	Zapfen (m)	['tsapfən]

boom holte (de)	Höhlung (f)	['høːˌlʊŋ]
nest (het)	Nest (n)	[nɛst]
hol (het)	Höhle (f)	['høːlə]

stam (de)	Stamm (m)	[ʃtam]
wortel (bijv. boom~s)	Wurzel (f)	['vʊʁtsəl]
schors (de)	Rinde (f)	['ʁɪndə]
mos (het)	Moos (n)	['moːs]

ontwortelen (een boom)	entwurzeln (vt)	[ɛnt'vʊʁtsəln]
kappen (een boom ~)	fällen (vt)	['fɛlən]
ontbossen (ww)	abholzen (vt)	['apˌhɔltsən]
stronk (de)	Baumstumpf (m)	['baʊmˌʃtʊmpf]

kampvuur (het)	Lagerfeuer (n)	['laːgəˌfɔɪɐ]
bosbrand (de)	Waldbrand (m)	['valtˌbʁant]
blussen (ww)	löschen (vt)	['lœʃən]

boswachter (de)	Förster (m)	['fœʁstɐ]
bescherming (de)	Schutz (m)	[ʃʊts]
beschermen (bijv. de natuur ~)	beschützen (vt)	[bə'ʃʏtsən]
stroper (de)	Wilddieb (m)	['vɪltˌdiːp]
val (de)	Falle (f)	['falə]

plukken (paddestoelen ~)	sammeln (vt)	['zaməln]
plukken (bessen ~)	pflücken (vt)	['pflʏkən]
verdwalen (de weg kwijt zijn)	sich verirren	[zɪç fɛɐ'ʔɪʁən]

132. Natuurlijke hulpbronnen

natuurlijke rijkdommen (mv.)	Naturressourcen (pl)	[naˈtuːɐ̯ʁɛˈsʊʁsən]
delfstoffen (mv.)	Bodenschätze (pl)	['boːdənˌʃɛtsə]
lagen (mv.)	Vorkommen (n)	['foːɐ̯ˌkɔmən]
veld (bijv. olie~)	Feld (n)	[fɛlt]

winnen (uit erts ~)	gewinnen (vt)	[gə'vɪnən]
winning (de)	Gewinnung (f)	[gə'vɪnʊŋ]
erts (het)	Erz (n)	[eːɐ̯ts]
mijn (bijv. kolenmijn)	Bergwerk (n)	['bɛʁkˌvɛʁk]
mijnschacht (de)	Schacht (m)	[ʃaχt]
mijnwerker (de)	Bergarbeiter (m)	['bɛʁkʔaʁˌbaɪtɐ]
gas (het)	Erdgas (n)	['eːɐ̯tˌgaːs]

gasleiding (de)	**Gasleitung** (f)	['gaːsˌlaɪtʊŋ]
olie (aardolie)	**Erdöl** (n)	['eːɐtˌʔøːl]
olieleiding (de)	**Erdölleitung** (f)	['eːɐtʔøːlˌlaɪtʊŋ]
oliebron (de)	**Ölquelle** (f)	['øːlˌkvɛlə]
boortoren (de)	**Bohrturm** (m)	['boːɐˌtʊʁm]
tanker (de)	**Tanker** (m)	['taŋkɐ]
zand (het)	**Sand** (m)	[zant]
kalksteen (de)	**Kalkstein** (m)	['kalkˌʃtaɪn]
grind (het)	**Kies** (m)	[kiːs]
veen (het)	**Torf** (m)	[tɔʁf]
klei (de)	**Ton** (m)	[toːn]
steenkool (de)	**Kohle** (f)	['koːlə]
ijzer (het)	**Eisen** (n)	['aɪzən]
goud (het)	**Gold** (n)	[gɔlt]
zilver (het)	**Silber** (n)	['zɪlbə]
nikkel (het)	**Nickel** (n)	['nɪkəl]
koper (het)	**Kupfer** (n)	['kʊpfɐ]
zink (het)	**Zink** (n)	[tsɪŋk]
mangaan (het)	**Mangan** (n)	[manˈgaːn]
kwik (het)	**Quecksilber** (n)	['kvɛkˌzɪlbə]
lood (het)	**Blei** (n)	[blaɪ]
mineraal (het)	**Mineral** (n)	[mɪneˈʁaːl]
kristal (het)	**Kristall** (m)	[kʁɪsˈtal]
marmer (het)	**Marmor** (m)	['maʁmoːɐ]
uraan (het)	**Uran** (n)	[uˈʁaːn]

De Aarde. Deel 2

133. Weer

Nederlands	Duits	Uitspraak
weer (het)	**Wetter** (n)	['vɛtɐ]
weersvoorspelling (de)	**Wetterbericht** (m)	['vɛtɐbəˌʀɪçt]
temperatuur (de)	**Temperatur** (f)	[tɛmpəʀa'tuːɐ]
thermometer (de)	**Thermometer** (n)	[tɛʁmo'meːtɐ]
barometer (de)	**Barometer** (n)	[baʀo'meːtɐ]
vochtig (bn)	**feucht**	[fɔɪçt]
vochtigheid (de)	**Feuchtigkeit** (f)	['fɔɪçtɪçkaɪt]
hitte (de)	**Hitze** (f)	['hɪtsə]
heet (bn)	**glutheiß**	['gluːtˌhaɪs]
het is heet	**ist heiß**	[ist haɪs]
het is warm	**ist warm**	[ist vaʁm]
warm (bn)	**warm**	[vaʁm]
het is koud	**ist kalt**	[ist kalt]
koud (bn)	**kalt**	[kalt]
zon (de)	**Sonne** (f)	['zɔnə]
schijnen (de zon)	**scheinen** (vi)	['ʃaɪnən]
zonnig (~e dag)	**sonnig**	['zɔnɪç]
opgaan (ov. de zon)	**aufgehen** (vi)	['aufˌgeːən]
ondergaan (ww)	**untergehen** (vi)	['ʊntɐˌgeːən]
wolk (de)	**Wolke** (f)	['vɔlkə]
bewolkt (bn)	**bewölkt**	[bə'vœlkt]
regenwolk (de)	**Regenwolke** (f)	['ʀeːgənˌvɔlkə]
somber (bn)	**trüb**	[tʀyːp]
regen (de)	**Regen** (m)	['ʀeːgən]
het regent	**Es regnet**	[ɛs 'ʀeːgnət]
regenachtig (bn)	**regnerisch**	['ʀeːgnəʀɪʃ]
motregenen (ww)	**nieseln** (vi)	['niːzəln]
plensbui (de)	**strömender Regen** (m)	['ʃtʀøːməntdə 'ʀeːgən]
stortbui (de)	**Regenschauer** (m)	['ʀeːgənˌʃaʊɐ]
hard (bn)	**stark**	[ʃtaʁk]
plas (de)	**Pfütze** (f)	['pfʏtsə]
nat worden (ww)	**nass werden** (vi)	[nas 'veːɐdən]
mist (de)	**Nebel** (m)	['neːbəl]
mistig (bn)	**neblig**	['neːblɪç]
sneeuw (de)	**Schnee** (m)	[ʃneː]
het sneeuwt	**Es schneit**	[ɛs 'ʃnaɪt]

134. Zwaar weer. Natuurrampen

noodweer (storm)	Gewitter (n)	[gə'vɪtɐ]
bliksem (de)	Blitz (m)	[blɪts]
flitsen (ww)	blitzen (vi)	['blɪtsən]
donder (de)	Donner (m)	['dɔnɐ]
donderen (ww)	donnern (vi)	['dɔnɐn]
het dondert	Es donnert	[ɛs 'dɔnɐt]
hagel (de)	Hagel (m)	['haːgəl]
het hagelt	Es hagelt	[ɛs 'haːgəlt]
overstromen (ww)	überfluten (vt)	[ˌyːbɐ'fluːtən]
overstroming (de)	Überschwemmung (f)	[yːbɐ'ʃvɛmʊŋ]
aardbeving (de)	Erdbeben (n)	['eːɐtˌbeːbən]
aardschok (de)	Erschütterung (f)	[ɛɐ'ʃytəʀʊŋ]
epicentrum (het)	Epizentrum (n)	[ˌepi'tsɛntʀʊm]
uitbarsting (de)	Ausbruch (m)	['aʊsˌbʀʊχ]
lava (de)	Lava (f)	['laːva]
wervelwind (de)	Wirbelsturm (m)	['vɪʀbəlˌʃtʊʀm]
windhoos (de)	Tornado (m)	[tɔʀ'naːdo]
tyfoon (de)	Taifun (m)	[taɪ'fuːn]
orkaan (de)	Orkan (m)	[ɔʀ'kaːn]
storm (de)	Sturm (m)	[ʃtʊʀm]
tsunami (de)	Tsunami (m)	[tsu'naːmi]
cycloon (de)	Zyklon (m)	[tsy'kloːn]
onweer (het)	Unwetter (n)	['ʊnˌvɛtɐ]
brand (de)	Brand (m)	[bʀant]
ramp (de)	Katastrophe (f)	[ˌkatas'tʀoːfə]
meteoriet (de)	Meteorit (m)	[meteo'ʀiːt]
lawine (de)	Lawine (f)	[la'viːnə]
sneeuwverschuiving (de)	Schneelawine (f)	['ʃneːlaˌviːnə]
sneeuwjacht (de)	Schneegestöber (n)	['ʃneːgəˌʃtøːbɐ]
sneeuwstorm (de)	Schneesturm (m)	['ʃneːˌʃtʊʀm]

Fauna

135. Zoogdieren. Roofdieren

roofdier (het)	**Raubtier** (n)	['ʀaʊptiːɐ]
tijger (de)	**Tiger** (m)	['tiːgɐ]
leeuw (de)	**Löwe** (m)	['løːvə]
wolf (de)	**Wolf** (m)	[vɔlf]
vos (de)	**Fuchs** (m)	[fʊks]

jaguar (de)	**Jaguar** (m)	['jaːguaːɐ]
luipaard (de)	**Leopard** (m)	[leo'paʀt]
jachtluipaard (de)	**Gepard** (m)	[ge'paʀt]

panter (de)	**Panther** (m)	['pantɐ]
poema (de)	**Puma** (m)	['puːma]
sneeuwluipaard (de)	**Schneeleopard** (m)	['ʃneːleoˌpaʀt]
lynx (de)	**Luchs** (m)	[lʊks]

coyote (de)	**Kojote** (m)	[kɔ'joːtə]
jakhals (de)	**Schakal** (m)	[ʃa'kaːl]
hyena (de)	**Hyäne** (f)	['hyɛːnə]

136. Wilde dieren

dier (het)	**Tier** (n)	[tiːɐ]
beest (het)	**Bestie** (f)	['bɛstɪə]

eekhoorn (de)	**Eichhörnchen** (n)	['aɪçˌhœʀnçən]
egel (de)	**Igel** (m)	['iːgəl]
haas (de)	**Hase** (m)	['haːzə]
konijn (het)	**Kaninchen** (n)	[ka'niːnçən]

das (de)	**Dachs** (m)	[daks]
wasbeer (de)	**Waschbär** (m)	['vaʃˌbɛːɐ]
hamster (de)	**Hamster** (m)	['hamstɐ]
marmot (de)	**Murmeltier** (n)	['mʊʀməlˌtiːɐ]

mol (de)	**Maulwurf** (m)	['maʊlˌvʊʀf]
muis (de)	**Maus** (f)	[maʊs]
rat (de)	**Ratte** (f)	['ʀatə]
vleermuis (de)	**Fledermaus** (f)	['fleːdɐˌmaʊs]

hermelijn (de)	**Hermelin** (n)	[hɛʀmə'liːn]
sabeldier (het)	**Zobel** (m)	['tsoːbəl]
marter (de)	**Marder** (m)	['maʀdɐ]
wezel (de)	**Wiesel** (n)	['viːzəl]
nerts (de)	**Nerz** (m)	[nɛʀts]

bever (de)	**Biber** (m)	['bi:bɐ]
otter (de)	**Fischotter** (m)	['fɪʃˌʔɔtɐ]
paard (het)	**Pferd** (n)	[pfe:ɐt]
eland (de)	**Elch** (m)	[ɛlç]
hert (het)	**Hirsch** (m)	[hɪʁʃ]
kameel (de)	**Kamel** (n)	[ka'me:l]
bizon (de)	**Bison** (m)	['bi:zɔn]
wisent (de)	**Wisent** (m)	['vi:zɛnt]
buffel (de)	**Büffel** (m)	['bʏfəl]
zebra (de)	**Zebra** (n)	['tse:bʀa]
antilope (de)	**Antilope** (f)	[anti'lo:pə]
ree (de)	**Reh** (n)	[ʀe:]
damhert (het)	**Damhirsch** (m)	['damhɪʁʃ]
gems (de)	**Gämse** (f)	['gɛmzə]
everzwijn (het)	**Wildschwein** (n)	['vɪltʃvaɪn]
walvis (de)	**Wal** (m)	[va:l]
rob (de)	**Seehund** (m)	['ze:ˌhʊnt]
walrus (de)	**Walroß** (n)	['va:lˌʀɔs]
zeebeer (de)	**Seebär** (m)	['ze:ˌbɛ:ɐ]
dolfijn (de)	**Delfin** (m)	[dɛl'fi:n]
beer (de)	**Bär** (m)	[bɛ:ɐ]
ijsbeer (de)	**Eisbär** (m)	['aɪsˌbɛ:ɐ]
panda (de)	**Panda** (m)	['panda]
aap (de)	**Affe** (m)	['afə]
chimpansee (de)	**Schimpanse** (m)	[ʃɪm'panzə]
orang-oetan (de)	**Orang-Utan** (m)	['o:ʀaŋˌʔu:tan]
gorilla (de)	**Gorilla** (m)	[go'ʀɪla]
makaak (de)	**Makak** (m)	[ma'kak]
gibbon (de)	**Gibbon** (m)	['gɪbɔn]
olifant (de)	**Elefant** (m)	[ele'fant]
neushoorn (de)	**Nashorn** (n)	['na:sˌhɔʁn]
giraffe (de)	**Giraffe** (f)	[ˌgi'ʀafə]
nijlpaard (het)	**Flusspferd** (n)	['flʊsˌpfe:ɐt]
kangoeroe (de)	**Känguru** (n)	['kɛŋgʊʀʊ]
koala (de)	**Koala** (m)	[ko'a:la]
mangoest (de)	**Manguste** (f)	[maŋ'gʊstə]
chinchilla (de)	**Chinchilla** (n)	[tʃɪn'tʃɪla]
stinkdier (het)	**Stinktier** (n)	['ʃtɪŋkˌti:ɐ]
stekelvarken (het)	**Stachelschwein** (n)	['ʃtaχəlʃvaɪn]

137. Huisdieren

poes (de)	**Katze** (f)	['katsə]
kater (de)	**Kater** (m)	['ka:tɐ]
hond (de)	**Hund** (m)	[hʊnt]

paard (het)	**Pferd** (n)	[pfe:ɐt]
hengst (de)	**Hengst** (m)	['hɛŋst]
merrie (de)	**Stute** (f)	['ʃtu:tə]
koe (de)	**Kuh** (f)	[ku:]
bul, stier (de)	**Stier** (m)	[ʃti:ɐ]
os (de)	**Ochse** (m)	['ɔksə]
schaap (het)	**Schaf** (n)	[ʃa:f]
ram (de)	**Widder** (m)	['vɪdɐ]
geit (de)	**Ziege** (f)	['tsi:gə]
bok (de)	**Ziegenbock** (m)	['tsi:gən‚bɔk]
ezel (de)	**Esel** (m)	['e:zəl]
muilezel (de)	**Maultier** (n)	['maʊl‚ti:ɐ]
varken (het)	**Schwein** (n)	[ʃvaɪn]
biggetje (het)	**Ferkel** (n)	['fɛʁkəl]
konijn (het)	**Kaninchen** (n)	[ka'ni:nçən]
kip (de)	**Huhn** (n)	[hu:n]
haan (de)	**Hahn** (m)	[ha:n]
eend (de)	**Ente** (f)	['ɛntə]
woerd (de)	**Enterich** (m)	['ɛntəʀɪç]
gans (de)	**Gans** (f)	[gans]
kalkoen haan (de)	**Puter** (m)	['pu:tɐ]
kalkoen (de)	**Pute** (f)	['pu:tə]
huisdieren (mv.)	**Haustiere** (pl)	['haʊs‚ti:ʀə]
tam (bijv. hamster)	**zahm**	[tsa:m]
temmen (tam maken)	**zähmen** (vt)	['tsɛ:mən]
fokken (bijv. paarden ~)	**züchten** (vt)	['tsʏçtən]
boerderij (de)	**Farm** (f)	[faʁm]
gevogelte (het)	**Geflügel** (n)	[gə'fly:gəl]
rundvee (het)	**Vieh** (n)	[fi:]
kudde (de)	**Herde** (f)	['he:ɐdə]
paardenstal (de)	**Pferdestall** (m)	['pfe:ɐdəˌʃtal]
zwijnenstal (de)	**Schweinestall** (m)	['ʃvaɪnəˌʃtal]
koeienstal (de)	**Kuhstall** (m)	['ku:ˌʃtal]
konijnenhok (het)	**Kaninchenstall** (m)	[ka'ni:nçənˌʃtal]
kippenhok (het)	**Hühnerstall** (m)	['hy:nɐˌʃtal]

138. Vogels

vogel (de)	**Vogel** (m)	['fo:gəl]
duif (de)	**Taube** (f)	['taʊbə]
mus (de)	**Spatz** (m)	[ʃpats]
koolmees (de)	**Meise** (f)	['maɪzə]
ekster (de)	**Elster** (f)	['ɛlstɐ]
raaf (de)	**Rabe** (m)	['ʀa:bə]

kraai (de)	Krähe (f)	['krɛːə]
kauw (de)	Dohle (f)	['doːlə]
roek (de)	Saatkrähe (f)	['zaːtˌkrɛːə]

eend (de)	Ente (f)	['ɛntə]
gans (de)	Gans (f)	[gans]
fazant (de)	Fasan (m)	[fa'zaːn]

arend (de)	Adler (m)	['aːdlɐ]
havik (de)	Habicht (m)	['haːbɪçt]
valk (de)	Falke (m)	['falkə]
gier (de)	Greif (m)	[gʀaɪf]
condor (de)	Kondor (m)	['kɔndoːɐ]

zwaan (de)	Schwan (m)	[ʃvaːn]
kraanvogel (de)	Kranich (m)	['kʀaːnɪç]
ooievaar (de)	Storch (m)	[ʃtɔʀç]

papegaai (de)	Papagei (m)	[papa'gaɪ]
kolibrie (de)	Kolibri (m)	['koːlibʀi]
pauw (de)	Pfau (m)	[pfaʊ]

struisvogel (de)	Strauß (m)	[ʃtʀaʊs]
reiger (de)	Reiher (m)	['ʀaɪɐ]
flamingo (de)	Flamingo (m)	[fla'mɪŋgo]
pelikaan (de)	Pelikan (m)	['peːlikaːn]

| nachtegaal (de) | Nachtigall (f) | ['naxtɪgal] |
| zwaluw (de) | Schwalbe (f) | ['ʃvalbə] |

lijster (de)	Drossel (f)	['dʀɔsəl]
zanglijster (de)	Singdrossel (f)	['zɪŋˌdʀɔsəl]
merel (de)	Amsel (f)	['amzəl]

gierzwaluw (de)	Segler (m)	['zeːglɐ]
leeuwerik (de)	Lerche (f)	['lɛʀçə]
kwartel (de)	Wachtel (f)	['vaxtəl]

specht (de)	Specht (m)	[ʃpɛçt]
koekoek (de)	Kuckuck (m)	['kʊkʊk]
uil (de)	Eule (f)	['ɔɪlə]
oehoe (de)	Uhu (m)	['uːhu]
auerhoen (het)	Auerhahn (m)	['aʊɐˌhaːn]
korhoen (het)	Birkhahn (m)	['bɪʀkˌhaːn]
patrijs (de)	Rebhuhn (n)	['ʀeːpˌhuːn]

spreeuw (de)	Star (m)	[ʃtaːɐ]
kanarie (de)	Kanarienvogel (m)	[ka'naːʀɪənˌfoːgəl]
hazelhoen (het)	Haselhuhn (n)	['haːzəlˌhuːn]

| vink (de) | Buchfink (m) | ['buːxfɪŋk] |
| goudvink (de) | Gimpel (m) | ['gɪmpəl] |

meeuw (de)	Möwe (f)	['møːvə]
albatros (de)	Albatros (m)	['albatʀɔs]
pinguïn (de)	Pinguin (m)	['pɪŋguiːn]

139. Vis. Zeedieren

brasem (de)	**Brachse** (f)	['bʀaksə]
karper (de)	**Karpfen** (m)	['kaʁpfən]
baars (de)	**Barsch** (m)	[baʁʃ]
meerval (de)	**Wels** (m)	[vɛls]
snoek (de)	**Hecht** (m)	[hɛçt]
zalm (de)	**Lachs** (m)	[laks]
steur (de)	**Stör** (m)	[ʃtøːɐ]
haring (de)	**Hering** (m)	['heːʀɪŋ]
atlantische zalm (de)	**atlantische Lachs** (m)	[at'lantɪʃə laks]
makreel (de)	**Makrele** (f)	[ma'kʀeːlə]
platvis (de)	**Scholle** (f)	['ʃɔlə]
snoekbaars (de)	**Zander** (m)	['tsandɐ]
kabeljauw (de)	**Dorsch** (m)	[dɔʁʃ]
tonijn (de)	**Tunfisch** (m)	['tuːnfɪʃ]
forel (de)	**Forelle** (f)	[ˌfo'ʀɛlə]
paling (de)	**Aal** (m)	[aːl]
sidderrog (de)	**Zitterrochen** (m)	['tsɪtɐˌʀɔχən]
murene (de)	**Muräne** (f)	[mu'ʀɛːnə]
piranha (de)	**Piranha** (m)	[pi'ʀanja]
haai (de)	**Hai** (m)	[haɪ]
dolfijn (de)	**Delfin** (m)	[dɛl'fiːn]
walvis (de)	**Wal** (m)	[vaːl]
krab (de)	**Krabbe** (f)	['kʀabə]
kwal (de)	**Meduse** (f)	[me'duːzə]
octopus (de)	**Krake** (m)	['kʀaːkə]
zeester (de)	**Seestern** (m)	['zeːˌʃtɛʁn]
zee-egel (de)	**Seeigel** (m)	['zeːˌʔiːgəl]
zeepaardje (het)	**Seepferdchen** (n)	['zeːˌpfeːɐtçən]
oester (de)	**Auster** (f)	['aʊstɐ]
garnaal (de)	**Garnele** (f)	[gaʁ'neːlə]
kreeft (de)	**Hummer** (m)	['hʊmɐ]
langoest (de)	**Languste** (f)	[laŋ'gʊstə]

140. Amfibieën. Reptielen

slang (de)	**Schlange** (f)	['ʃlaŋə]
giftig (slang)	**Gift-, giftig**	[gɪft], ['gɪftɪç]
adder (de)	**Viper** (f)	['viːpɐ]
cobra (de)	**Kobra** (f)	['koːbʀa]
python (de)	**Python** (m)	['pyːtɔn]
boa (de)	**Boa** (f)	['boːa]
ringslang (de)	**Ringelnatter** (f)	['ʀɪŋəlˌnatɐ]

ratelslang (de)	Klapperschlange (f)	[ˈklapəˌʃlaŋə]
anaconda (de)	Anakonda (f)	[anaˈkɔnda]
hagedis (de)	Eidechse (f)	[ˈaɪdɛksə]
leguaan (de)	Leguan (m)	[ˈleːɡuaːn]
varaan (de)	Waran (m)	[vaˈʀaːn]
salamander (de)	Salamander (m)	[zalaˈmandɐ]
kameleon (de)	Chamäleon (n)	[kaˈmɛːleˌɔn]
schorpioen (de)	Skorpion (m)	[skɔʁˈpjoːn]
schildpad (de)	Schildkröte (f)	[ˈʃɪltˌkʀøːtə]
kikker (de)	Frosch (m)	[fʀɔʃ]
pad (de)	Kröte (f)	[ˈkʀøːtə]
krokodil (de)	Krokodil (n)	[kʀokoˈdiːl]

141. Insecten

insect (het)	Insekt (n)	[ɪnˈzɛkt]
vlinder (de)	Schmetterling (m)	[ˈʃmɛtɐlɪŋ]
mier (de)	Ameise (f)	[ˈaːmaɪzə]
vlieg (de)	Fliege (f)	[ˈfliːɡə]
mug (de)	Mücke (f)	[ˈmʏkə]
kever (de)	Käfer (m)	[ˈkɛːfɐ]
wesp (de)	Wespe (f)	[ˈvɛspə]
bij (de)	Biene (f)	[ˈbiːnə]
hommel (de)	Hummel (f)	[ˈhʊməl]
horzel (de)	Bremse (f)	[ˈbʀɛmzə]
spin (de)	Spinne (f)	[ˈʃpɪnə]
spinnenweb (het)	Spinnennetz (n)	[ˈʃpɪnənˌnɛts]
libel (de)	Libelle (f)	[liˈbɛlə]
sprinkhaan (de)	Grashüpfer (m)	[ˈɡʀaːsˌhʏpfɐ]
nachtvlinder (de)	Schmetterling (m)	[ˈʃmɛtɐlɪŋ]
kakkerlak (de)	Schabe (f)	[ˈʃaːbə]
teek (de)	Zecke (f)	[ˈtsɛkə]
vlo (de)	Floh (m)	[floː]
kriebelmug (de)	Kriebelmücke (f)	[ˈkʀiːbəlˌmʏkə]
treksprinkhaan (de)	Heuschrecke (f)	[ˈhɔɪʃʀɛkə]
slak (de)	Schnecke (f)	[ˈʃnɛkə]
krekel (de)	Heimchen (n)	[ˈhaɪmçən]
glimworm (de)	Leuchtkäfer (m)	[ˈlɔɪçtˌkɛːfɐ]
lieveheersbeestje (het)	Marienkäfer (m)	[maˈʀiːənˌkɛːfɐ]
meikever (de)	Maikäfer (m)	[ˈmaɪˌkɛːfɐ]
bloedzuiger (de)	Blutegel (m)	[ˈbluːtˌʔeːɡəl]
rups (de)	Raupe (f)	[ˈʀaʊpə]
aardworm (de)	Wurm (m)	[vʊʁm]
larve (de)	Larve (f)	[ˈlaʁfə]

Flora

142. Bomen

boom (de)	**Baum** (m)	[baʊm]
loof- (abn)	**Laub-**	[laʊp]
dennen- (abn)	**Nadel-**	['naːdəl]
groenblijvend (bn)	**immergrün**	['ɪmɐˌgʀyːn]
appelboom (de)	**Apfelbaum** (m)	['apfəlˌbaʊm]
perenboom (de)	**Birnbaum** (m)	['bɪʁnˌbaʊm]
zoete kers (de)	**Süßkirschbaum** (m)	['zyːskɪʁʃˌbaʊm]
zure kers (de)	**Sauerkirschbaum** (m)	[zaʊə'kɪʁʃˌbaʊm]
pruimelaar (de)	**Pflaumenbaum** (m)	['pflaʊmənˌbaʊm]
berk (de)	**Birke** (f)	['bɪʁkə]
eik (de)	**Eiche** (f)	['aɪçə]
linde (de)	**Linde** (f)	['lɪndə]
esp (de)	**Espe** (f)	['ɛspə]
esdoorn (de)	**Ahorn** (m)	['aːhɔʁn]
spar (de)	**Fichte** (f)	['fɪçtə]
den (de)	**Kiefer** (f)	['kiːfɐ]
lariks (de)	**Lärche** (f)	['lɛʁçə]
zilverspar (de)	**Tanne** (f)	['tanə]
ceder (de)	**Zeder** (f)	['tseːdɐ]
populier (de)	**Pappel** (f)	['papəl]
lijsterbes (de)	**Vogelbeerbaum** (m)	['foːgəlbeːɐˌbaʊm]
wilg (de)	**Weide** (f)	['vaɪdə]
els (de)	**Erle** (f)	['ɛʁlə]
beuk (de)	**Buche** (f)	['buːxə]
iep (de)	**Ulme** (f)	['ʊlmə]
es (de)	**Esche** (f)	['ɛʃə]
kastanje (de)	**Kastanie** (f)	[kas'taːniə]
magnolia (de)	**Magnolie** (f)	[mag'noːlɪə]
palm (de)	**Palme** (f)	['palmə]
cipres (de)	**Zypresse** (f)	[tsy'pʀɛsə]
mangrove (de)	**Mangrovenbaum** (m)	[maŋ'gʀoːvənˌbaʊm]
baobab (apenbroodboom)	**Baobab** (m)	['baːobap]
eucalyptus (de)	**Eukalyptus** (m)	[ɔɪka'lʏptʊs]
mammoetboom (de)	**Mammutbaum** (m)	['mamʊtˌbaʊm]

143. Heesters

struik (de)	**Strauch** (m)	[ʃtʀaʊx]
heester (de)	**Gebüsch** (n)	[gə'bʏʃ]

wijnstok (de)	Weinstock (m)	['vaɪnˌʃtɔk]
wijngaard (de)	Weinberg (m)	['vaɪnˌbɛʁk]

frambozenstruik (de)	Himbeerstrauch (m)	['hɪmbeːɐˌʃtʁaʊχ]
zwarte bes (de)	schwarze Johannisbeere (f)	[ˈʃvaʁtsə joːˈhanɪsbeːʁə]
rode bessenstruik (de)	rote Johannisbeere (f)	[ˈʁoːtə joːˈhanɪsbeːʁə]
kruisbessenstruik (de)	Stachelbeerstrauch (m)	[ˈʃtaχəlbeːɐˌʃtʁaʊχ]

acacia (de)	Akazie (f)	[aˈkaːtsiə]
zuurbes (de)	Berberitze (f)	[bɛʁbəˈʁɪtsə]
jasmijn (de)	Jasmin (m)	[jasˈmiːn]

jeneverbes (de)	Wacholder (m)	[vaˈχɔldɐ]
rozenstruik (de)	Rosenstrauch (m)	[ˈʁoːzənˌʃtʁaʊχ]
hondsroos (de)	Heckenrose (f)	[ˈhɛkənˌʁoːzə]

144. Vruchten. Bessen

vrucht (de)	Frucht (f)	[fʁʊχt]
vruchten (mv.)	Früchte (pl)	[ˈfʁʏçtə]
appel (de)	Apfel (m)	[ˈapfəl]
peer (de)	Birne (f)	[ˈbɪʁnə]
pruim (de)	Pflaume (f)	[ˈpflaʊmə]

aardbei (de)	Erdbeere (f)	[ˈeːɐtˌbeːʁə]
zure kers (de)	Sauerkirsche (f)	[ˈzaʊɐˌkɪʁʃə]
zoete kers (de)	Süßkirsche (f)	[ˈzyːsˌkɪʁʃə]
druif (de)	Weintrauben (pl)	[ˈvaɪnˌtʁaʊbən]

framboos (de)	Himbeere (f)	[ˈhɪmˌbeːʁə]
zwarte bes (de)	schwarze Johannisbeere (f)	[ˈʃvaʁtsə joːˈhanɪsbeːʁə]
rode bes (de)	rote Johannisbeere (f)	[ˈʁoːtə joːˈhanɪsbeːʁə]
kruisbes (de)	Stachelbeere (f)	[ˈʃtaχəlˌbeːʁə]
veenbes (de)	Moosbeere (f)	[ˈmoːsˌbeːʁə]

sinaasappel (de)	Apfelsine (f)	[apfəlˈziːnə]
mandarijn (de)	Mandarine (f)	[ˌmandaˈʁiːnə]
ananas (de)	Ananas (f)	[ˈananas]

banaan (de)	Banane (f)	[baˈnaːnə]
dadel (de)	Dattel (f)	[ˈdatəl]

citroen (de)	Zitrone (f)	[tsiˈtʁoːnə]
abrikoos (de)	Aprikose (f)	[ˌapʁiˈkoːzə]
perzik (de)	Pfirsich (m)	[ˈpfɪʁzɪç]

kiwi (de)	Kiwi, Kiwifrucht (f)	[ˈkiːvi], [ˈkiːviˌfʁʊχt]
grapefruit (de)	Grapefruit (f)	[ˈɡʁɛɪpˌfʁuːt]

bes (de)	Beere (f)	[ˈbeːʁə]
bessen (mv.)	Beeren (pl)	[ˈbeːʁən]
vossenbes (de)	Preiselbeere (f)	[ˈpʁaɪzəlˌbeːʁə]
bosaardbei (de)	Walderdbeere (f)	[ˈvaltʔeːɐtˌbeːʁə]
blauwe bosbes (de)	Heidelbeere (f)	[ˈhaɪdəlˌbeːʁə]

145. Bloemen. Planten

bloem (de)	Blume (f)	['blu:mə]
boeket (het)	Blumenstrauß (m)	['blu:mənˌʃtʀaʊs]
roos (de)	Rose (f)	['ʀo:zə]
tulp (de)	Tulpe (f)	['tʊlpə]
anjer (de)	Nelke (f)	['nɛlkə]
gladiool (de)	Gladiole (f)	[ˌgla'dɪo:lə]
korenbloem (de)	Kornblume (f)	['kɔʀnˌblu:mə]
klokje (het)	Glockenblume (f)	['glɔkənˌblu:mə]
paardenbloem (de)	Löwenzahn (m)	['lø:vənˌtsa:n]
kamille (de)	Kamille (f)	[ka'mɪlə]
aloë (de)	Aloe (f)	['a:loe]
cactus (de)	Kaktus (m)	['kaktʊs]
ficus (de)	Gummibaum (m)	['gʊmiˌbaʊm]
lelie (de)	Lilie (f)	['li:liə]
geranium (de)	Geranie (f)	[ge'ʀa:nɪə]
hyacint (de)	Hyazinthe (f)	[hya'tsɪntə]
mimosa (de)	Mimose (f)	[mi'mo:zə]
narcis (de)	Narzisse (f)	[naʀ'tsɪsə]
Oost-Indische kers (de)	Kapuzinerkresse (f)	[ˌkapu'tsi:neˌkʀɛsə]
orchidee (de)	Orchidee (f)	[ˌɔʀçi'de:ə]
pioenroos (de)	Pfingstrose (f)	['pfɪŋstˌʀo:zə]
viooltje (het)	Veilchen (n)	['faɪlçən]
driekleurig viooltje (het)	Stiefmütterchen (n)	['ʃti:fˌmʏteçən]
vergeet-mij-nietje (het)	Vergissmeinnicht (n)	[ˌfɛɐ'gɪs·maɪn·nɪçt]
madeliefje (het)	Gänseblümchen (n)	['gɛnzəˌbly:mçən]
papaver (de)	Mohn (m)	[mo:n]
hennep (de)	Hanf (m)	[hanf]
munt (de)	Minze (f)	['mɪntsə]
lelietje-van-dalen (het)	Maiglöckchen (n)	['maɪˌglœkçən]
sneeuwklokje (het)	Schneeglöckchen (n)	['ʃne:glœkçən]
brandnetel (de)	Brennnessel (f)	['bʀɛnˌnɛsəl]
veldzuring (de)	Sauerampfer (m)	['zaʊɐˌʔampfɐ]
waterlelie (de)	Seerose (f)	['ze:ˌʀo:zə]
varen (de)	Farn (m)	[faʀn]
korstmos (het)	Flechte (f)	['flɛçtə]
oranjerie (de)	Gewächshaus (n)	[gə'vɛksˌhaʊs]
gazon (het)	Rasen (m)	['ʀa:zən]
bloemperk (het)	Blumenbeet (n)	['blu:məən·be:t]
plant (de)	Pflanze (f)	['pflantsə]
gras (het)	Gras (n)	[gʀa:s]
grasspriet (de)	Grashalm (m)	['gʀa:sˌhalm]

blad (het)	Blatt (n)	[blat]
bloemblad (het)	Blütenblatt (n)	['bly:tən‚blat]
stengel (de)	Stiel (m)	[ʃti:l]
knol (de)	Knolle (f)	['knɔlə]
scheut (de)	Jungpflanze (f)	['jʊŋ‚pflantsə]
doorn (de)	Dorn (m)	[dɔʁn]
bloeien (ww)	blühen (vi)	['bly:ən]
verwelken (ww)	welken (vi)	['vɛlkən]
geur (de)	Geruch (m)	[gə'ʁʊχ]
snijden (bijv. bloemen ~)	abschneiden (vt)	['apˌʃnaɪdən]
plukken (bloemen ~)	pflücken (vt)	['pflʏkən]

146. Granen, graankorrels

graan (het)	Getreide (n)	[gə'tʁaɪdə]
graangewassen (mv.)	Getreidepflanzen (pl)	[gə'tʁaɪdə‚pflantsən]
aar (de)	Ähre (f)	['ɛ:ʁə]
tarwe (de)	Weizen (m)	['vaɪtsən]
rogge (de)	Roggen (m)	['ʁɔgən]
haver (de)	Hafer (m)	['ha:fɐ]
gierst (de)	Hirse (f)	['hɪʁzə]
gerst (de)	Gerste (f)	['gɛʁstə]
maïs (de)	Mais (m)	['maɪs]
rijst (de)	Reis (m)	[ʁaɪs]
boekweit (de)	Buchweizen (m)	['bu:χ‚vaɪtsən]
erwt (de)	Erbse (f)	['ɛʁpsə]
nierboon (de)	weiße Bohne (f)	['vaɪsə 'bo:nə]
soja (de)	Sojabohne (f)	['zo:ja‚bo:nə]
linze (de)	Linse (f)	['lɪnzə]
bonen (mv.)	Bohnen (pl)	['bo:nən]

LANDEN. NATIONALITEITEN

147. West-Europa

Europa (het)	Europa (n)	[ɔɪ'ʀoːpa]
Europese Unie (de)	Europäische Union (f)	[ˌɔɪʀo'pɛːɪʃə ʔu'njoːn]

Oostenrijk (het)	Österreich (n)	['øːstəʀaɪç]
Groot-Brittannië (het)	Großbritannien (n)	[gʀoːs·bʀi'tanɪən]
Engeland (het)	England (n)	['ɛŋlant]
België (het)	Belgien (n)	['bɛlgɪən]
Duitsland (het)	Deutschland (n)	['dɔɪtʃlant]

Nederland (het)	Niederlande (f)	['niːdɐˌlandə]
Holland (het)	Holland (n)	['holant]
Griekenland (het)	Griechenland (n)	['gʀiːçənˌlant]
Denemarken (het)	Dänemark (n)	['dɛːnəˌmaʀk]
Ierland (het)	Irland (n)	['ɪʀlant]
IJsland (het)	Island (n)	['iːslant]

Spanje (het)	Spanien (n)	['ʃpaːnɪən]
Italië (het)	Italien (n)	[i'taːlɪən]
Cyprus (het)	Zypern (n)	['tsyːpɐn]
Malta (het)	Malta (n)	['malta]

Noorwegen (het)	Norwegen (n)	['nɔʀˌveːgən]
Portugal (het)	Portugal (n)	['pɔʀtugal]
Finland (het)	Finnland (n)	['fɪnlant]
Frankrijk (het)	Frankreich (n)	['fʀaŋkʀaɪç]

Zweden (het)	Schweden (n)	['ʃveːdən]
Zwitserland (het)	Schweiz (f)	[ʃvaɪts]
Schotland (het)	Schottland (n)	['ʃɔtlant]

Vaticaanstad (de)	Vatikan (m)	[vati'kaːn]
Liechtenstein (het)	Liechtenstein (n)	['lɪçtənˌʃtaɪn]
Luxemburg (het)	Luxemburg (n)	['lʊksəmˌbʊʀk]
Monaco (het)	Monaco (n)	[mo'nako]

148. Centraal- en Oost-Europa

Albanië (het)	Albanien (n)	[al'baːnɪən]
Bulgarije (het)	Bulgarien (n)	[bʊl'gaːʀɪən]
Hongarije (het)	Ungarn (n)	['ʊŋgaʀn]
Letland (het)	Lettland (n)	['lɛtlant]

Litouwen (het)	Litauen (n)	['lɪtauən]
Polen (het)	Polen (n)	['poːlən]

Roemenië (het)	Rumänien (n)	[ʀuˈmɛːnɪən]
Servië (het)	Serbien (n)	[ˈzɛʀbɪən]
Slowakije (het)	Slowakei (f)	[sloˈvakaɪ]
Kroatië (het)	Kroatien (n)	[kʀoˈaːtsɪən]
Tsjechië (het)	Tschechien (n)	[ˈtʃɛçɪən]
Estland (het)	Estland (n)	[ˈɛstlant]
Bosnië en Herzegovina (het)	Bosnien und Herzegowina (n)	[ˈbɔsnɪən ʊnt ˌhɛʀtsəˈgɔvinaː]
Macedonië (het)	Makedonien (n)	[makeˈdoːnɪən]
Slovenië (het)	Slowenien (n)	[sloˈveːnɪən]
Montenegro (het)	Montenegro (n)	[mɔnteˈneːgʀo]

149. Voormalige USSR landen

Azerbeidzjan (het)	Aserbaidschan (n)	[ˌazɛʀbaɪˈdʒaːn]
Armenië (het)	Armenien (n)	[aʀˈmeːnɪən]
Wit-Rusland (het)	Weißrussland (n)	[ˈvaɪsˌʀʊslant]
Georgië (het)	Georgien (n)	[geˈɔʀgɪən]
Kazakstan (het)	Kasachstan (n)	[ˈkaːzaxˌstaːn]
Kirgizië (het)	Kirgisien (n)	[ˈkɪʀgiːzɪən]
Moldavië (het)	Moldawien (n)	[mɔlˈdaːvɪən]
Rusland (het)	Russland (n)	[ˈʀʊslant]
Oekraïne (het)	Ukraine (f)	[ˌukʀaˈiːnə]
Tadzjikistan (het)	Tadschikistan (n)	[taˈdʒiːkɪstaːn]
Turkmenistan (het)	Turkmenistan (n)	[tʊʀkˈmeːnɪstaːn]
Oezbekistan (het)	Usbekistan (n)	[ʊsˈbeːkɪstaːn]

150. Azië

Azië (het)	Asien (n)	[ˈaːzɪən]
Vietnam (het)	Vietnam (n)	[vɪɛtˈnam]
India (het)	Indien (n)	[ˈɪndɪən]
Israël (het)	Israel (n)	[ˈɪsʀaeːl]
China (het)	China (n)	[ˈçiːna]
Libanon (het)	Libanon (m, n)	[ˈliːbanɔn]
Mongolië (het)	Mongolei (f)	[ˌmɔŋgoˈlaɪ]
Maleisië (het)	Malaysia (n)	[maˈlaɪzɪa]
Pakistan (het)	Pakistan (n)	[ˈpaːkɪstaːn]
Saoedi-Arabië (het)	Saudi-Arabien (n)	[ˌzaʊdiʔaˈʀaːbɪən]
Thailand (het)	Thailand (n)	[ˈtaɪlant]
Taiwan (het)	Taiwan (n)	[taɪˈvaːn]
Turkije (het)	Türkei (f)	[tʏʀˈkaɪ]
Japan (het)	Japan (n)	[ˈjaːpan]
Afghanistan (het)	Afghanistan (n)	[afˈgaːnɪstaːn]

Bangladesh (het)	Bangladesch (n)	[ˌbaŋglaˈdɛʃ]
Indonesië (het)	Indonesien (n)	[ɪndoˈneːzɪən]
Jordanië (het)	Jordanien (n)	[jɔʁˈdaːnɪən]

Irak (het)	Irak (m, n)	[iˈʀaːk]
Iran (het)	Iran (m, n)	[iˈʀaːn]
Cambodja (het)	Kambodscha (n)	[kamˈbɔdʒa]
Koeweit (het)	Kuwait (n)	[kuˈvaɪt]

Laos (het)	Laos (n)	[ˈlaːɔs]
Myanmar (het)	Myanmar (n)	[ˈmɪanmaːɐ]
Nepal (het)	Nepal (n)	[ˈneːpal]
Verenigde Arabische Emiraten	Vereinigten Arabischen Emirate (pl)	[fɛɐˈʔaɪnɪgən aˈʀaːbɪʃən emiˈʀaːtə]

Syrië (het)	Syrien (n)	[ˈzyːʀɪən]
Palestijnse autonomie (de)	Palästina (n)	[palɛsˈtiːna]
Zuid-Korea (het)	Südkorea (n)	[ˈzyːtkoˈʀeːa]
Noord-Korea (het)	Nordkorea (n)	[ˈnɔʁt·koˈʀeːa]

151. Noord-Amerika

Verenigde Staten van Amerika	Die Vereinigten Staaten	[di fɛɐˈʔaɪnɪçtən ˈʃtaːtən]
Canada (het)	Kanada (n)	[ˈkanada]
Mexico (het)	Mexiko (n)	[ˈmɛksikoː]

152. Midden- en Zuid-Amerika

Argentinië (het)	Argentinien (n)	[ˌaʁgɛnˈtiːnɪən]
Brazilië (het)	Brasilien (n)	[bʀaˈziːlɪən]
Colombia (het)	Kolumbien (n)	[koˈlʊmbɪən]

| Cuba (het) | Kuba (n) | [ˈkuːba] |
| Chili (het) | Chile (n) | [ˈtʃiːlə] |

| Bolivia (het) | Bolivien (n) | [boˈliːvɪən] |
| Venezuela (het) | Venezuela (n) | [ˌveneˈtsueːla] |

| Paraguay (het) | Paraguay (n) | [ˈpaːʀagvaɪ] |
| Peru (het) | Peru (n) | [peˈʀuː] |

Suriname (het)	Suriname (n)	[syʀiˈnaːmə]
Uruguay (het)	Uruguay (n)	[ˈuːʀugvaɪ]
Ecuador (het)	Ecuador (n)	[ˌekuaˈdoːɐ]

| Bahama's (mv.) | Die Bahamas | [di baˈhaːmaːs] |
| Haïti (het) | Haiti (n) | [haˈiːti] |

Dominicaanse Republiek (de)	Dominikanische Republik (f)	[dominiˌkaːnɪʃə ʀepuˈblik]
Panama (het)	Panama (n)	[ˈpanamaː]
Jamaica (het)	Jamaika (n)	[jaˈmaɪka]

153. Afrika

Egypte (het)	Ägypten (n)	[ɛ'ɡʏptən]
Marokko (het)	Marokko (n)	[ˌma'rɔko]
Tunesië (het)	Tunesien (n)	[tu'neːzɪən]
Ghana (het)	Ghana (n)	['ɡaːna]
Zanzibar (het)	Sansibar (n)	['zanzibaːɐ]
Kenia (het)	Kenia (n)	['keːnia]
Libië (het)	Libyen (n)	['liːbyən]
Madagaskar (het)	Madagaskar (n)	[ˌmada'ɡaskaɐ]
Namibië (het)	Namibia (n)	[na'miːbia]
Senegal (het)	Senegal (m)	['zeːneɡal]
Tanzania (het)	Tansania (n)	[tan'zaːnɪa]
Zuid-Afrika (het)	Republik Südafrika (f)	[ʁepu'bliːk zyːtˌʔaːfʁika]

154. Australië. Oceanië

Australië (het)	Australien (n)	[aʊs'tʁaːlɪən]
Nieuw-Zeeland (het)	Neuseeland (n)	[nɔɪ'zeːlant]
Tasmanië (het)	Tasmanien (n)	[tas'maːnɪən]
Frans-Polynesië	Französisch-Polynesien (n)	[fʁan'tsøːzɪʃ polyˈneːzɪən]

155. Steden

Amsterdam	Amsterdam (n)	[ˌamstɐ'dam]
Ankara	Ankara (n)	['aŋkaʁa]
Athene	Athen (n)	[a'teːn]
Bagdad	Bagdad (n)	['bakdat]
Bangkok	Bangkok (n)	['baŋkɔk]
Barcelona	Barcelona (n)	[ˌbaʁsə'loːnaː]
Beiroet	Beirut (n)	[baɪ'ʁuːt]
Berlijn	Berlin (n)	[bɛʁ'liːn]
Boedapest	Budapest (n)	['buːdaˌpɛst]
Boekarest	Bukarest (n)	['bukaʁɛst]
Bombay, Mumbai	Bombay (n)	['bɔmbeɪ]
Bonn	Bonn (n)	[bɔn]
Bordeaux	Bordeaux (n)	[bɔʁ'doː]
Bratislava	Bratislava (n)	[bʁatɪs'laːva]
Brussel	Brüssel (n)	['bʁʏsəl]
Caïro	Kairo (n)	['kaɪʁo]
Calcutta	Kalkutta (n)	[kal'kʊta]
Chicago	Chicago (n)	[ʃɪ'kaːɡo]
Dar Es Salaam	Daressalam (n)	[daʁɛsa'laːm]
Delhi	Delhi (n)	['dɛli]
Den Haag	Den Haag (n)	[den 'haːk]

Dutch	German	IPA
Dubai	Dubai (n)	[ˈduːbaɪ]
Dublin	Dublin (n)	[ˈdablɪn]
Düsseldorf	Düsseldorf (n)	[ˈdʏsəlˌdɔʁf]
Florence	Florenz (n)	[floˈʀɛnts]
Frankfort	Frankfurt (n)	[ˈfʀaŋkfʊʁt]
Genève	Genf (n)	[gɛnf]
Hamburg	Hamburg (n)	[ˈhambʊʁk]
Hanoi	Hanoi (n)	[haˈnɔɪ]
Havana	Havanna (n)	[haˈvana]
Helsinki	Helsinki (n)	[ˈhelsiŋki]
Hiroshima	Hiroshima (n)	[hiʀoˈʃiːma]
Hongkong	Hongkong (n)	[ˈhɔŋkɔŋ]
Istanbul	Istanbul (n)	[ˈɪstambuːl]
Jeruzalem	Jerusalem (n)	[jeˈʀuːzalɛm]
Kiev	Kiew (n)	[ˈkiːɛf]
Kopenhagen	Kopenhagen (n)	[ˌkopənˈhaːgən]
Kuala Lumpur	Kuala Lumpur (n)	[kuˈala ˈlʊmpʊʁ]
Lissabon	Lissabon (n)	[ˈlɪsabɔn]
Londen	London (n)	[ˈlɔndɔn]
Los Angeles	Los Angeles (n)	[lɔsˈændʒəlɪs]
Lyon	Lyon (n)	[liˈɔŋ]
Madrid	Madrid (n)	[maˈdʀɪt]
Marseille	Marseille (n)	[maʁˈsɛːj]
Mexico-Stad	Mexiko-Stadt (n)	[ˈmɛksiko ˈʃtat]
Miami	Miami (n)	[majˈɛmɪ]
Montreal	Montreal (n)	[mɔntʀeˈal]
Moskou	Moskau (n)	[ˈmɔskaʊ]
München	München (n)	[ˈmʏnçən]
Nairobi	Nairobi (n)	[naɪˈʀoːbi]
Napels	Neapel (n)	[neˈapəl]
New York	New York (n)	[njuːˈjɔːk]
Nice	Nizza (n)	[ˈnɪtsaː]
Oslo	Oslo (n)	[ˈɔsloː]
Ottawa	Ottawa (n)	[ɔˈtava]
Parijs	Paris (n)	[paˈʀiːs]
Peking	Peking (n)	[ˈpeːkɪŋ]
Praag	Prag (n)	[pʀaːk]
Rio de Janeiro	Rio de Janeiro (n)	[ˈʀiːo de: ʒaˈneːʀo]
Rome	Rom (n)	[ʀoːm]
Seoel	Seoul (n)	[zeˈuːl]
Singapore	Singapur (n)	[ˈzɪŋgapuːɐ]
Sint-Petersburg	Sankt Petersburg (n)	[ˈsankt ˈpeːtɐsbʊʁk]
Sjanghai	Schanghai (n)	[ʃaŋˈhaɪ]
Stockholm	Stockholm (n)	[ˈʃtɔkhɔlm]
Sydney	Sydney (n)	[ˈsɪdnɪ]
Taipei	Taipeh (n)	[taɪˈpeː]
Tokio	Tokio (n)	[ˈtoːkɪoː]
Toronto	Toronto (n)	[toˈʀɔnto]

Venetië	**Venedig** (n)	[veˈneːdɪç]
Warschau	**Warschau** (n)	[ˈvaʁʃaʊ]
Washington	**Washington** (n)	[ˈvɔʃɪŋtən]
Wenen	**Wien** (n)	[viːn]

www.ingramcontent.com/pod-product-compliance
Lightning Source LLC
Chambersburg PA
CBHW070552050426
42450CB00011B/2836